Cómo hacer una tesis

Alejandro Ureña

Antropólogo y profesor universitario. Maestría en Educación en INTEC.
Por años enseñó Metodología de la Investigación en la PUCMM.
Actualmente es asesor de tesis en varias universidades dominicanas.
Fue *Visiting Professor* en Tuskegee University en Alabama.

letra**gráfica**

Alejandro Ureña
Cómo hacer una tesis

ISBN CreateSpace: 978-1546454564

Junio 2013

Primera edición: Editorial Argos, marzo 2006

LETRA GRÁFICA
Calle Marginal Primera No. 12, Mirador Norte
(809) 482 4700 • librosletragrafica@gmail.com
Santo Domingo, República Dominicana

ÍNDICE

Capítulo III
MÉTODO Y TÉCNICA DE INVESTIGACIÓN

Capítulo IV
MANEJO DE DATOS

Capítulo V
EL INTERNET Y LA TESIS

Capítulo VI
REDACCIÓN DE LA TESIS

Capítulo VII
NORMAS PARA LA PRESENTACIÓN DE LA TESIS

Capítulo VIII
PRESENTACIÓN FINAL

Capítulo IX
EXAMEN FINAL DE TESIS

Capítulo I

¿QUÉ ES UNA TESIS?

DEFINICIÓN DE LO QUE ES UNA TESIS

Podríamos definir qué es una tesis, comenzando a explicar precisamente lo que no es. Una tesis no es una suma de muchas partes en la que cada una de ellas está inconexa con las demás. Una tesis no es una colección de citas de diversos autores que tratan un tema, como tampoco es una relatoría de un tema en el que se carece de una tesis a demostrar o comprobar. ¿Por qué digo lo anterior? Porque uno o varios de esos defectos aparecen en la mayoría de las tesis en República Dominicana, incluyendo las tesis de postgrado.

Tesis es el nombre que le damos a la disertación escrita que presenta a la Universidad el aspirante al título de un grado académico. Pasemos ahora a definir con mayor precisión el significado de lo que es una tesis. *Una tesis es una proposición que se mantiene con razonamientos, con argumentos, hasta llevarla a una conclusión.* Implica disertar, es decir, razonar detenida y metódicamente sobre alguna materia para exponerla o para refutar

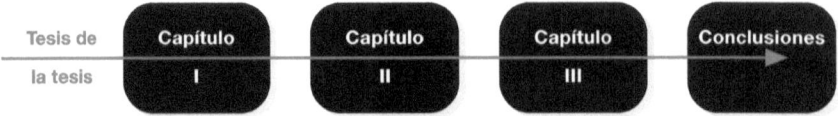

opiniones ajenas. De ello se desprenden varias cosas: En primer lugar, la tesis debe tener tesis; esto es, algo que se sostiene y que se tratará de corroborar. En segundo lugar, debe haber un desarrollo lógico de los argumentos para poder llegar a una conclusión, lo que implica que es algo integrado, relacionado, no una suma de partes. En tercer lugar, se trata de exponer una opinión propia o de criticar una ajena para lo cual, se requiere un punto de vista personal.

Marco teórico

Es común exigir en las tesis un «marco teórico». Cada quien entiende algo distinto sobre este asunto pero, por lo general, se trata de plantear el enfoque teórico con el que se abordará la investigación. En la práctica el planteamiento del «marco teórico» ha dado lugar a los absurdos más grandes. Al revisar una tesis típica uno encuentra que el primer capítulo se llama «marco teórico» y consiste en la exposición resumida de la teoría en boga. Por ejemplo, cuando el marxismo era la corriente hegemónica en las ciencias sociales de los años setenta, uno podía encontrar, digamos, una tesis sobre la industria azucarera en República Dominicana, en la que el «marco teórico» era un resumen del materialismo histórico y luego seguía una tesis empírica que nada tenía que ver con lo establecido en aquel «marco». De hecho, el enfoque teórico que uno utiliza está presente siempre en la investigación y no necesita hacerse explícito en un capítulo inicial. El enfoque teórico es parte de tu formación; surge de tus lecturas y reflexiones. Será consistente en la medida que lo hayan sido tus esfuersos académicos.

El método científico

La clave para acercarnos a la verdad o llegar al conocimiento es el método. Este se logra por una relación entre nuestros pensamientos y los objetos. El método científico sigue el camino de la duda sistemática y aprovecha el análisis, la síntesis y la deducción. *El método científico es el camino planeado o la estrategia que se sigue para descubrir o determinar las propiedades del objeto de estudio.*

En cierto modo, el método científico es el camino que se efectúa al identificar el trayecto de cada investigación. En él se encuentra el conjunto de formas que se utilizan en la adquisición y elaboración de nuevos conocimientos.

En la práctica, el método científico opera con conceptos, definiciones, hipótesis, variables e indicadores que son los elementos básicos que proporcionan los recursos e instrumentos intelectuales con los que se ha de trabajar para construir el sistema teórico de la ciencia.

El método científico engloba el ciclo o las etapas de la investigación. *La investigación comienza con el planteamiento de un problema, la formulación de una hipótesis, la comprobación de las hipótesis y, finalmente, la interpretación de resultados y conclusiones.*

PROPÓSITOS DE LA HIPÓTESIS

- Anticipación a los hechos, fenómenos y conductas que se supone existen y se espera llegar a probar, a través de un método específico de investigación.

- Sirve de directriz en un trabajo de investigación, como guía y orientación con respecto al objetivo de la hipótesis.

- Interpretación anticipada de una naturaleza específica, a través del planteamiento de una interrogante que se utiliza como antecedente para investigar su comportamiento, bajo ciertas condiciones.

- Sirve como guía de la investigación pero es adaptable a los cambios que surjan de la comprobación de la hipótesis.

La hipótesis

Una tesis es una relación de ideas guiadas por un hilo conductor que funcionará como eje transversal al unir todos sus capítulos. Ese hilo conductor es el desarrollo de la tesis que queremos comprobar. Para realizar esto adecuadamente se requiere de una o varias *hipótesis, esto es, aproximaciones que se usan en la investigación para explicar el problema planteado y que la investigación se encargará de comprobar o refutar.* Debido a que toda hipótesis es una conjetura, al final de la investigación esta quedará comprobada o rechazada. Si ocurre esto último, ello no quita validez a la investigación realizada.

Una hipótesis es la explicación anticipada y provisional de alguna suposición que se trata de comprobar o desaprobar a través de los antecedentes que se recopilen sobre el problema previamente planteado. Una vez realizado el planteamiento del problema y contemplada la identificación de sus marcos de referencia y teórico-práctico, el siguiente paso es encontrar sus posibles soluciones, las cuales muchas veces pueden ser identificadas como alternativas, suposiciones o conjeturas.

Se utiliza una hipótesis para hacer la exposición y el análisis de una posible solución al problema planteado. Al realizar las investigaciones de tesis, por lo popular del método y lo valioso que

PASOS DE LA HIPÓTESIS

La hipótesis es el planteamiento anticipado de una conjetura o suposición que se pretende demostrar mediante una investigación. Esta comprobación se puede realizar a través de los siguientes puntos:

1ro *Planteamiento concreto del problema a resolver.* Consiste en plantear precisa y completamente el problema que se trata de resolver, la problemática a solucionar, y las opciones supuestas que se hayan identificado de este.

2do *La suposición que se quiere llegar a demostrar.* Es el concepto supuesto que se anticipa y se quiere llegar a comprobar o desaprobar mediante una aplicación ponderada de los métodos de investigación elegidos.

3ro *La verificación de los hechos a través de métodos de observación.* Consiste en examinar todos los elementos y datos usados para formular la hipótesis, a fin de asegurarse de que la suposición se puede explicar en todas y cada una de las observaciones que se realicen para demostrarla.

4to *Evaluación y predicción de nuevas observaciones.* Es la sustentación de los conocimientos y las suposiciones que se presume que sucederán. Si llegan a ocurrir durante la observación de los datos, se comprueba la hipótesis, aunque también puede ocurrir lo contrario, que se refuten por la misma observación.

5to *Experimentación con lo observado y comprobación de la suposición por demostrar.* Se trata de una observación intencional a través de la cual se introducen en el desarrollo de un fenómeno uno o varios factores artificiales, luego se compara el comportamiento de estos contra los resultados que se producirían sin ninguna intervención. Esto puede medir la influencia del experimento con la realidad.

PROCESO DE UNA TESIS

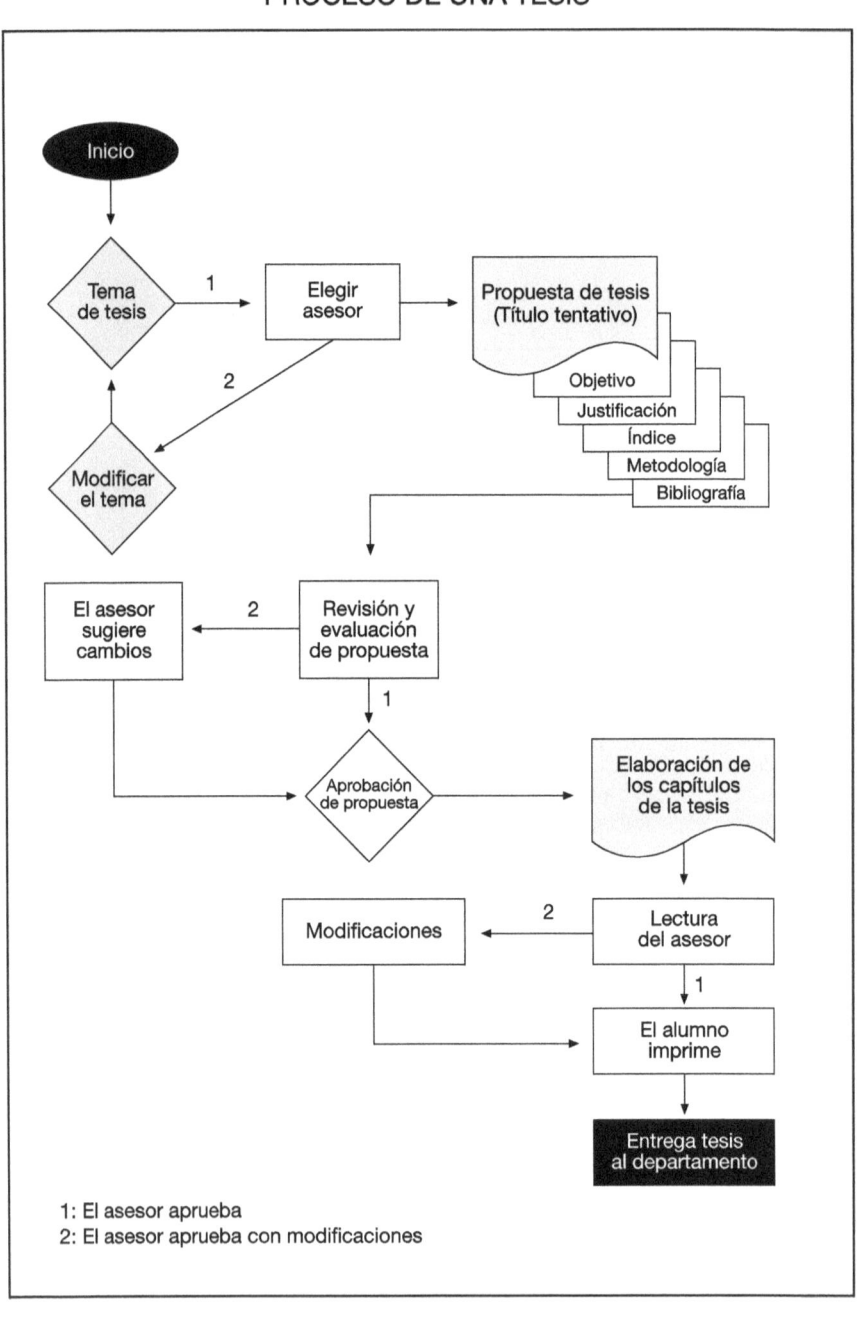

1: El asesor aprueba
2: El asesor aprueba con modificaciones

resulta, se recomienda que al proponer la hipótesis, y en el transcurso de la investigación, solo se utilice el método científico de investigación, a fin de dar un soporte de calidad a la comprobación o refutación del problema planteado.

Las variables

En el proceso de investigación, el científico operacionaliza sus hipótesis por medio de las variables y los indicadores. Operacionalizar una hipótesis significa bajar los conceptos teóricos a referentes empíricos; lograr que la teoría pueda ser verificada por la experiencia. *Una variable es una propiedad que puede variar y cuya variación es susceptible de medirse.* Cada hipótesis debe definir las variables implicadas; así las variables teóricas deben de ser definidas en términos de variables empíricas para ser comprobadas o rechazadas. Las variables adquieren valor para la investigación científica cuando pueden ser relacionadas con otras (formar parte de una hipótesis o una teoría). Ejemplos de variables son: El sexo, la religión, la productividad de un tipo de semilla, la efectividad de una vacuna, la inteligencia y también el conocimiento de historia de la Revolución de Abril de 1965. La variable se aplica a un grupo de personas u objetos, los cuales pueden adquirir diversos valores respecto a ella. Por ejemplo, la inteligencia. No todas las personas poseen el mismo nivel de inteligencia.

Variable independiente y variable dependiente

La variable independiente es todo aquello que el experimentador manipula, debido a que cree que existe una relación entre esta y la variable dependiente.

Por ejemplo, el investigador sostiene la hipótesis de que si administra una determinada droga a un grupo de niños el grado de aprendizaje de estos incrementará. En este caso la variable independiente estará representada por la droga manipulada por el experimentador, y la variable dependiente será el grado de aprendizaje de los niños, como resultado de haberles suministrado dicha droga.

La variable dependiente podemos definirla como los cambios sufridos por los sujetos como resultado de la manipulación de la variable independiente por parte del experimentador.

Los indicadores

Para definir las variables nos podemos basar en sus indicadores. A cada una de las variables se le debe de identificar sus respectivos indicadores, ya que estos constituyen el conjunto de actividades que la caracterizan. Los indicadores son algo específico y concreto que representa algo más abstracto o difícil de precisar. Los indicadores se usan para elaborar los instrumentos, por ejemplo, el cuestionario. De una variable socioeconómica podemos sacar los siguientes indicadores: Salario, régimen de la propiedad, ahorros, etc. De ahí podremos sacar preguntas como: ¿Cuál es su salario?; ¿vive usted en casa propia o alquilada?

Capítulo II

¿CÓMO SE HACE UNA TESIS?

PROPUESTA O ANTEPROYECTO DE TESIS

El paso inicial en la propuesta de una tesis consiste en que el estudiante responda a la interrogante de cuál será el tema sobre el que versará su investigación. Si ya lo eligió o, cuando menos, lo tiene conceptualizado aunque sea de forma somera, entonces el conductor de la tesis deberá evaluar si dicho tema es factible de llevarse a cabo tomando en cuenta su importancia, magnitud, factibilidad, congruencia y viabilidad, así como los conocimientos requeridos para realizar la investigación.

La mejor forma de un estudiante elegir el tema para una tesis es trabajar sobre una propuesta que haya preparado y en la que responda, de la manera más explícita posible, a lo siguiente: ¿Cuáles son las razones por las que quiere desarrollar ese trabajo?; ¿cómo va a realizar su investigación?; ¿cuál es su punto de partida?; ¿con qué elementos cuenta para realizarla?; ¿qué tanto conoce sobre el

¿CUÁL ES LA FUNCIÓN DE UN(A) ASESOR(A)?

Como su nombre lo indica, el asesor(a) es la persona que se encarga de dirigir, guiar u orientar al estudiante en la realización de su trabajo.

Debe quedar claro que dentro de las funciones del asesor(a) no está enseñar metodología ni redacción, sino orientar al estudiante-investigador; ayudarle a proporcionar coherencia al conjunto de conocimientos teóricos y prácticos que ha obtenido en sus estudios profesionales. Es por eso que el 95% de la responsabilidad, del esfuerzo y de la creatividad del trabajo recae en el estudiante, por lo que requiere una preparación teórico-práctica muy completa y un gran esfuerzo final.

tema?; ¿qué tan familiarizado está con ese tema?; ¿es factible en un tiempo razonable?

Lo anterior, junto con una serie de aspectos específicos de cada disciplina, permitirá evaluar, si se puede iniciar la investigación y si se tiene posibilidades para desarrollar y concluir el tema elegido con éxito.

Muchas universidades dominicanas exigen que sus estudiantes cursen la materia «Seminario de grado» (otras veces llamado «Memoria final») la que tiene por finalidad confeccionar el anteproyecto de trabajo de grado o anteproyecto de tesis. Durante este curso el estudiante aprenderá todo lo necesario para hacer su tesis; en todo caso se recomienda proveerse del *Reglamento de Tesis* el cual está disponible en la oficina del Decanato al que corresponda su carrera o en su defecto en el economato de su universidad. Debe de cerciorarse de obtener la versión más actualizada del mismo, y que se está usando la de su universidad. Aunque en términos generales no existen grandes diferencias en el contenido de la reglamentación entre una universidad y otra, cada institución es libre de regular las normas de presentación de tesis a su conveniencia.

CONTENIDO DE LA PROPUESTA

El contenido de la propuesta de tesis debe comprender como mínimo los siguientes puntos:

Nombre tentativo de la tesis
Es el título que se le dará al trabajo de investigación y que además sirve para identificar la aportación del estudiante; este título debe ser lo suficientemente claro, de manera que refiera al contenido global de la tesis en forma breve y concreta.

Justificación del tema
Para presentar esta parte de la propuesta se requiere que, por medio de un lenguaje sencillo pero con términos concretos, el alumno indique cuáles son sus motivos personales y académicos, de aportación e investigación, que lo hacen proponer el tema. Esto se logra dando respuesta a la pregunta: ¿Por qué quiere trabajar en ese tema de tesis?

Lo que se pretende en este punto es que el estudiante indique, en forma sencilla, cuáles son sus razones personales y académicas, así como la motivación especial que lo lleva a proponer la investigación.

Índice provisional

En este punto el estudiante propone, provisionalmente y de manera global, el contenido temático de su propuesta de investigación, procurando abarcar de manera general todos los aspectos que desarrollará en su tema. Pero no es necesario que se traten en forma muy concreta ni a fondo; de lo que se trata es de un esquema representativo de lo que será su tesis.

Portada

Es la entrada con que se identifica el documento, y deberá contener los siguientes datos:

- Nombre de la universidad.
- Título del proyecto, en donde se indicará el objeto(s) de estudio y aspecto(s) que comprenderá.
- Un subtítulo que indique: Proyecto de trabajo de tesis.
- Nombre(s) del (los) proponente(s).
- Grado al que se aspira.
- Lugar.
- Fecha.

La portada solo es un elemento descriptivo para identificar el documento; están de más los elementos decorativos como dibujos, viñetas, marcos y otros. El empleo de los escudos o emblemas de la universidad constituyen un error, ya que estos pertenecen a la institución y su uso está reservado a documentos oficiales. Cuando aparecen en los trabajos de tesis terminados es porque el documento ya es un producto avalado por la institución.

Introducción

Es una breve descripción del tema de investigación; señala los autores, teorías y conceptos fundamentales que comprenderán el estudio. Puede abordar un desarrollo histórico del tema, así como el problema que trata, el objetivo, el tipo de investigación, el ámbito de estudio (población, empresa, escuela, comunidad, laboratorio, etc.).

En este apartado cabe incluir los motivos personales o profesionales que originan la realización del trabajo. Por consiguiente la introducción tiene como propósito despertar el interés e invitar a la lectura del proyecto.

La redacción de la introducción es elaborada una vez concluidos los apartados del proyecto, ya que se necesita el conocimiento de todas las partes a fin de estar en posibilidades de motivar al lector acerca del contenido del documento.

Definición del problema

Es el apartado básico del proyecto, pues se considera el punto de partida que determinará el éxito de la tesis y sus argumentos; su adecuada elaboración constituye un gran avance de trabajo. Los aspectos que lo integran son:

Antecedentes

Tal sección se refiere al conjunto de trabajos de investigación o tesis que anteceden al estudio que se propone. Los antecedentes conforman el origen del estudio y en este apartado se exponen de manera resumida algunos trabajos realizados por otros autores que abordan el mismo objeto de estudio. Es posible destacar algún aspecto teórico, metodológico o práctico que lo amerite, puesto que su consulta permite ubicar y proponer con claridad el problema de investigación que se está considerando.

La presentación de los antecedentes son párrafos, no enumeración de elementos; en el mismo pueden eliminarse aquellos datos que no sean relevantes. La inclusión de comentarios y apreciaciones del autor o autores del proyecto relativas a las aportaciones y a la relación que su propuesta guarda con dichos antecedentes, son obligados.

Problema

El asunto a tratar se describe en una o pocas oraciones. Este asunto puede ser: a) Un vacío en la información respecto del objeto de estudio; b) El desconocimiento de un aspecto; c) Una inconsistencia entre teoría y práctica o una información contradictoria, sin descartar como problema de investigación, el repetir un estudio que se efectuó anteriormente con otros recursos o en otras condiciones. Con este enunciado se indica la dirección que tomará el trabajo. Se recomienda efectuar todo un proceso de problematización a través del cual inicialmente se enuncien (a partir de la consulta de antecedentes, lecturas en el tema, visitas al lugar en estudio y entrevistas con expertos), los posibles problemas de investigación, y de ellos se selecciona uno relevante a partir de criterios teóricos, prácticos y personales. Además, ha de valorarse que el asunto en realidad requiera de ser investigado, en tanto que constituya un verdadero vacío de información.

El problema debe formularse a manera de pregunta; de esta forma se señala y destaca con mayor precisión el asunto a tratar. Como ejemplo, tomemos el tema: *La selección de personal de una organización.* Este resulta ser un enunciado muy general comparado con: *¿Qué deficiencias presenta la selección de personal en la organización?*, *¿qué actividades ha de comprender la selección de personal en la organización?*, o *¿cuáles son las técnicas más recomendables para realizar la selección de personal en la organización?* En cada una de estas tres propuestas últimas el tema está acotado. Otros dos ejemplos válidos que nos pueden ilustrar son: 1. *¿En qué circunstancias surge la mecanización como sustituto del trabajador en la industria Dominicana?* 2. *¿Qué deficiencias presenta el proceso de reclutamiento y selección en la empresa Verizon Dominicana?*

El problema puede ser delimitado y reducido a un área de trabajo; para ello, se señalan referencias de:

- Tiempo, tales como: De 1990 a 1995, período prehispánico, de 20 a 25 años.
- Espacio, tales como: Departamento de Producción, República Dominicana, zona Este, Cibao.
- Cantidad, tales como: 250 alumnos, industrias de 100 empleados, temperatura de 40º C.

Otros auxiliares para delimitar un tema a investigar son los de género, corriente teórica y tipo de fuentes. Es factible usar dos o más elementos; así, tendríamos por ejemplo: *¿Cuáles son los lazos de integración, dentro de la teoría dinámica, que presentan 20 mujeres detenidas durante un año en la cárcel de Najayo?*

Objetivo y propósito

El objetivo debe explicar en palabras llanas y simples cuál es el propósito que se pretende cumplir, esto es, el fin concreto que buscará el alumno con la tesis. La finalidad que persigue el proceso de investigación –objetivo del trabajo–, es la obtención de la información buscada sobre el objeto de estudio, y/o conocer si se acepta o rechaza la hipótesis que se somete a prueba (si se trabaja con ella). Así, tenemos como ejemplo:

Objetivo: *Conocer las características organizacionales y las causas que estas generan en las micro industrias de la Zona de Herrera.*

Propósito: *Diseñar y promover acciones que generen un desarrollo organizacional en dichas micro industrias.*

Es muy importante la evaluación de la coherencia entre el objetivo y el propósito. En el caso del objetivo que se ejemplifica arriba, resultaría erróneo que tal trabajo se realice con el propósito de resolver los problemas económicos de República Dominicana, ya que tal circunstancia requeriría de una información más amplia, que comprenda entre otros, aspectos políticos, económicos y tecnológicos tanto a escala nacional como internacional. Tenga presente: Uno de los problemas más frecuentes en las tesis es querer abarcar demasiado.

Justificación

Aquí se presentan las razones teóricas, prácticas o de otra índole que sustentan la conveniencia de realizar el estudio.

Procedimiento

La palabra procedimiento significa «manera de hacer», es decir, la forma en que se propone realizar la investigación. Con frecuencia se denomina «metodología» a esta sección, nombre que es completamente inadecuado, ya que la metodología es el estudio de los métodos y técnicas. Para que el apartado merezca que se le designe como metodología, habrá de exponerse en este un análisis y valoración de los posibles métodos y técnicas que se pueden emplear para llevar a cabo el trabajo, circunstancia que por lo general no ocurre; por ello el apartado ha de titularse «procedimiento». Conviene decir que ya es hora de que se deje de usar tan a la ligera el término metodología por procedimiento, sobre todo en el ámbito académico. Al describir el procedimiento de investigación, se indica:

- El tipo de investigación.
- El método y técnicas (de campo o laboratorio).
- Los instrumentos técnicos (cuestionarios, guías de entrevista, pruebas, etcétera).
- Los recursos materiales para recolectar los datos (cámara de video, grabadoras, microscopios, etcétera).
- La población o universo en estudio.
- El lugar en el que se desarrollará el trabajo.
- Los medios necesarios para elaborar el documento final (papel, impresora, computadora, fotocopias, etcétera).
- Y demás aspectos que especifiquen en dónde y con cuáles recursos se efectuará la investigación.

Selección de material y lectura

Es necesario hacer una lista, lo más completa posible, de lo que hay que estudiar. En la propuesta teníamos ya una bibliografía básica mínima; ahora la completaremos y añadiremos otras fuentes de consulta e información.

Para completar la lista hay varios caminos posibles; la elección dependerá del nivel de conocimiento que se tenga sobre el tema o problema. Hay estudiantes a los que les ha interesado un tema o problema desde hace años; otros que lo eligen en función de una práctica profesional, de algo que ya conocen desde cierta perspectiva; otros, los más, que lo eligen por primera vez y saben poco o nada del asunto.

Una forma de completar la lista de libros es detectar, en la bibliografía básica que ya tenemos, las referencias recurrentes, es decir, aquellas que en esos libros se citan con más frecuencia por ser las más importantes, las clásicas o las de actualidad en el tema o problema. Haciendo lo mismo con los nuevos libros, la lista se irá ampliando.

En la investigación en ciencias sociales, los libros son indispensables pero es necesario también revisar artículos. Los artículos de investigación normalmente aparecen en las revistas científicas; y estos, casi siempre, son publicados por instituciones o asociaciones académicas. Los artículos también aparecen en revistas populares, de difusión. Son revistas de carácter periodístico en las que, con frecuencia, colaboran académicos e intelectuales de prestigio. El estudiante debe aprender a distinguirlas. En inglés existen términos distintos para cada tipo de revista: *Journals* o *reviews* para las revistas académicas y *magazines* para las de difusión.

Una lista más o menos abundante de libros y artículos puede conseguirse mediante los centros de información y documentación de las distintas áreas o disciplinas. Esta búsqueda tiene que ser específica. Si, por ejemplo, buscamos materiales sobre «pobreza», la lista será enorme y de poca utilidad pues aparecerán en ella todo género de trabajos, de todas las disciplinas y enfoques de todos los países del mundo y de todas las épocas. Si en cambio se solicita, «pobreza en República Dominicana en la década de los noventa» o «políticas públicas de bienestar social en República Dominicana en la década de los noventa», la lista será más breve y mucho más útil. Mientras más certera sea la elección de conceptos o palabras, más útil y adecuada será la lista. Además de los artículos de *journals* y *magazines* podemos añadir artículos y notas aparecidos en periódicos. La nota periodística es meramente informativa. Estos artículos, por lo general, son «coyunturales», aunque a veces encontramos algunos productos de muchos años de estudio y escritos con seria reflexión. De todas formas, tienen un carácter más ligero y carecen de peso de los artículos científicos, así fuera solo por la premura con que generalmente son escritos.

Los avances de la tecnología también son un auxiliar importante para obtener información. En internet se puede tener acceso a bibliotecas de cualquier parte del mundo. El investigador puede consultar la Biblioteca Nacional Pedro Henríquez Ureña en Santo Domingo o la del Congreso de Washington, por ejemplo, y puede hacer esta búsqueda por autor, tema o título. También puede consultar periódicos de diversas partes del mundo.

El asesor, o el experto en el área en que se realiza la investigación, juega un papel muy importante en la selección de la bibliografía, y sobre todo en indicar al estudiante el orden en que esta ha de ser leída, pues cuando se inicia la revisión de un tema sin una orientación, pueden tomarse textos que resultan demasiado complejos, por consecuencia el principiante puede perder interés.

Las obras propuesta han de ser valoradas por el asesor en la calidad y pertinencia de los autores y títulos y en relación con el trabajo que se desea realizar; es conveniente que la persona asesorada cuente con la información más calificada para abordar el tema. Aunque es importante incluir la documentación más reciente, resulta necesario acudir a aquellos textos que se consideran clásicos en su área.

Una vez completada la lista bibliográfica es conveniente ordenarla. Sugiero que ese orden vaya en varios sentidos: De lo general a lo particular o especializado; de atrás para adelante en el tiempo; de lo internacional a lo nacional; del tema al problema. Además, primero los libros, luego los artículos de *journals*, después los artículos de *magazines* y al final los artículos de periódicos. Esto permite conocer primero el bosque, luego los árboles y al final las hojas. Permite también estudiar primero lo básico, clásico o fundamental y acabar leyendo lo que va apareciendo en la prensa diaria. La bibliografía también puede ser ordenada según los capítulos de la tesis: Así, después de la lista general que permite conocer el «bosque» se podrían enlistar las obras particulares a consultarse en cada capítulo. Por supuesto habrá varias que sirvan para diversos capítulos.

Una bibliografía ordenada con los criterios que propongo indica también el orden para leer. Deberá seguirse el orden establecido en ese listado: Primero lo general, lo más antiguo y lo relativo al tema; luego lo particular, lo más moderno y lo referente al problema. Primero los libros, luego los artículos de *journals*, más tarde los de *magazines* y al final los periódicos. Así el alumno irá comprendiendo por niveles y tiempos y sabrá con toda antelación lo que tiene que leer y en qué orden.

Cuando se trata de relecturas, sugiero que se haga a la luz de la hipótesis que se quiere corroborar, es decir, la nueva lectura debe

EJEMPLO DE BIBLIOGRAFÍA

García Lluberes, Leonidas, «Miscelánea Histórica [Embarco del Arzobispo Valera]», *Clío*, núm. 94, septiembre-diciembre de 1952, p. 174.

— *Crítica histórica*. Santo Domingo, Academia Dominicana de la Historia, 1964.

García Lluberes, Porfirio, «Juan Pablo Duarte», *Blanco y Negro*, núm. 35, 16 de mayo de 1909.

Garrido, Víctor, *Los Puello*. Ciudad Trujillo, Editora Montalvo, 1959.

González Tablas, Ramón, *La dominación y última guerra de España en Santo Domingo*. Madrid, Impr. a cargo de F. Cao, 1870.

Gautier, Manuel María, *La gran traición del general Pedro Santana, actual presidente de la República Dominicana*. Escrita por un dominicano. [Reproducido por Rodríguez Demorizi, *Documentos para la historia*, II, pp. 548-600].

Hauch, Charles C., «La actitud de los gobiernos extranjeros frente a la reocupación española de la República Dominicana», *Boletín del Archivo General de la Nación*, núm. 56, enero-marzo 1948, pp. 3-29.

Henríquez Ureña, Max, «Un proyecto anglófilo en 1843 frente al plan Levasseur», *La Nación*, 23 de octubre de 1941, p. 3.

— *El arzobispo Valera*. Río de Janeiro, Fundaçao Romao de Mattos Duarte, 1944.

— *La conspiración de los Alcarrizos*. Lisboa, Sociedad Industrial de Tipografía, 1941.

— *Panorama histórico de la literatura dominicana* [Primer Tomo]. Santo Domingo, Editorial Librería Dominicana, 1965.

Henríquez y Carvajal, Federico, «Duarte», *Letras*, núm. 114, 25 de mayo de 1919.

—*Duarte, Próceres, héroes y mártires de la independencia*. Ciudad Trujillo, Academia Dominicana de la Historia, 1944.

Orlando Inoa, *Biografía de Juan Pablo Duarte*. Santo Domingo, Editorial Letra Gráfica, 2008.

hacerse teniendo en mente el proyecto en específico: Qué quiere hacer, qué se quiere corroborar. Resulta una lectura diferente.

Para facilitar el posterior uso de la información es conveniente señalar de alguna forma lo que nos interesa de la lectura. Por ejemplo, subrayando o marcando los párrafos pertinentes o haciendo cuadros sinópticos o tomando notas. También vale la pena anotar, en los márgenes de las páginas o en una libreta de apuntes, las ideas que nos surgen al leer ese párrafo o esa página. Si se deja para después, la idea se esfuma o podría volverse vaga.

Esquema de acopio de información

Es el esqueleto inicial de los tópicos teóricos que se desarrollarán en la investigación; comprende los temas del contenido probable del escrito. Su finalidad es mostrar los puntos fundamentales y sus apartados, que serán asuntos teóricos relativos al objeto(s) y aspecto(s) de estudio, además de orientar la localización de la información y facilitar el manejo del material que se ha de recolectar.

La elaboración de este esquema parte del conocimiento de las características y propiedades que sobre el objeto de estudio y sus aspectos han abordado otros autores, para luego seleccionar solo los que resulten pertinentes para nuestra indagación. De un objeto se pueden señalar su definición, importancia, elementos que lo componen, evolución histórica o teórica, abordaje metodológico, factores que lo producen, entre otros. Sin embargo, para cada estudio, según el ángulo desde donde se aborde, resultan relevantes solo algunos factores, los otros son accesorios y es necesario diferenciarlos.

Lo recomendable para formular el esquema es consultar los índices de los libros o trabajos de tesis que traten el mismo tema, para seleccionar o derivar los tópicos.

En un esquema de acopio de información no tienen lugar los apartados de introducción y conclusiones; estos son propios del índice de un trabajo ya terminado. En una investigación de campo o de laboratorio, puede haber un apartado para la descripción del lugar de estudio: Zona, poblado, empresa, invernadero, cámaras especiales, así como la descripción de los instrumentos –y de ser necesario–, proceso de elaboración y prueba piloto de cuestionarios o entrevistas; todo ello con el fin de aportar datos que resulten necesarios y suficientes para la investigación.

Las investigaciones de campo hacen uso de la encuesta y la entrevista y de todo aquello que permita el conocimiento directo del objeto de estudio. Ambas, encuesta y entrevista, deben ser explicadas en su alcance en el anteproyecto.

Capítulo III

MÉTODO Y TÉCNICA DE INVESTIGACIÓN

METODOLOGÍA A UTILIZAR

Una vez terminada la propuesta o anteproyecto de tesis, y aprobada por el asesor y el departamento correspondiente de la universidad, empezamos a realizar la tesis. Las tres etapas fundamentales de este trabajo son: 1. La lectura del material seleccionado; 2. La clasificación de ese material para su estudio; y 3. La redacción, si se trata de investigación documental. Si se trata de investigación de campo hay otras etapas adicionales, como el traslado al lugar pertinente y la aplicación, interpretación y clasificación de entrevistas y/o encuestas.

Una tesis no es el tratamiento de un tema sino la solución de un problema. Esto, al igual que concebir la tesis como un trabajo relacionado e integrado y no como una suma de partes, es crucial. La mayoría de los estudiantes están preocupados por elegir un tema de investigación, pero un tema no es sino una primera aproximación en la investigación. El tema, por ejemplo, podría ser *Las relaciones República Dominicana-Estados Unidos* ¿y eso qué?, ¿qué significa? No me dice nada o me dice demasiado, pero si me pregunto qué problema deseo abordar de las relaciones entre República Dominicana y Estados Unidos, la situación cambia sustancialmente. Mirar así la investigación presta una ayuda significativa al estudiante en esta primera etapa, así como posteriormente. Un problema no es solo algo más concreto que un tema sino que implica que debe resolverse (para eso son los problemas) y ello significa que al elegirlo libremente soy yo el que le buscará una solución.

Una tesis es también un punto de vista personal. Esto es otro aspecto crucial. Como dije antes, hay una desconfianza en las propias ideas y una costumbre exagerada de utilizar citas bibliográficas. Cierto que debe leerse lo más importante en torno al tema y al problema que uno trabaja y que la ciencia avanza sobre lo investigado por otros, pero la tesis hay que verla como mi problema y conjetura y por ende, exige mi punto de vista. La originalidad en buena medida radica en el enfoque con que se ve algo. Cada uno ve las cosas a su manera, destacando algo que quizá no se ha visto, o suprimiendo algo a lo que se le dio indebida importancia. Cada uno de nosotros es distinto y tiene historia diferente. Lo importante en ciencias sociales es lograr formar un punto de vista personal, propio, no repetir lo que otros dicen, sean quienes sean. En las ciencias sociales ha habido demasiado dogma y muchas corrientes historicistas que creen haber descubierto las leyes del comportamiento humano. Pero hoy sabemos que no es así, que las ciencias sociales no pueden hacer profecías de largo alcance. Debemos formar estudiantes que tengan criterio propio, que sepan pensar, juzgar y decidir por ellos mismos. La tesis es una oportunidad para plantear ese punto de vista personal.

Lo anterior no significa que uno pueda decir cualquier cosa. La tesis es una investigación científica, que busca dar solución a un problema con las herramientas de la disciplina con que se enfoque y con los conocimientos que han sido generados.

Una tesis requiere del uso de la lógica. Hoy día la ciencia se expresa en forma de enunciados; las premisas deben derivarse de ellos y deben ser todas verdaderas para que la conclusión lo sea. Sabemos que si al menos una premisa es falsa, la conclusión será falsa. Una investigación científica no debe tener contradicciones. De hecho, en ciencia, sean naturales o sociales, la aparición de una contradicción en el diseño conduce a una falla en la investigación. De una contradicción no puede desprenderse verdad alguna. Si usted y yo tenemos un punto de vista contrario quiere decir que usted o yo, o ambos, estamos equivocados. No podemos estar los dos en lo cierto.

En suma, una tesis es una proposición que se mantiene con argumentos, con razonamiento lógico o con evidencia empírica, hasta llevarla a una conclusión. Requiere, además, el uso de conceptos científicos, de una metodología sistemática y de un aparato bibliográfico, el cual se expresa en citas y referencias que indican las fuentes en las que uno se apoya y el grado de avance del conocimiento científico.

Disciplina y concentración

La disciplina es el nombre cotidiano de la creación. Requiere horario, regularidad de costumbres y voluntad. La disciplina –como toda virtud– solo se logra en la práctica, con esfuerzo constante. La concentración es progresiva en calidad y en cantidad. Al principio cuesta trabajo concentrarse y lo hace uno por períodos breves, pero conforme va pasando el tiempo uno se concentra más rápido, más profundamente, y durante períodos más largos. Por eso la labor diaria es mejor y se avanza más que trabajando las mismas horas un día a la semana, por ejemplo.

Establecer un horario de trabajo es una ayuda inmejorable. Este horario debe de hacerse con libertad, pero debe cumplirse cabalmente. Los horarios deben ser realistas, por lo que deben de elaborarse en función de las condiciones y planes de vida de cada quien. No es aconsejable elegir horas al final de un arduo día de trabajo, debido a que a esas horas generalmente ya hay agotamiento físico y mental.

La disciplina y la concentración son herramientas indispensables para el trabajo de investigación y se crean por esfuerzo individual. Son difíciles de conseguir y fáciles de perder, por eso requieren un esfuerzo diario, primero para crearlas y luego para mantenerlas, pero ese esfuerzo será grande al principio y menor con el tiempo. Es algo que pertenece al que lo consigue y que los demás no podrá arrebatarle. Permítaseme insistir: Sin disciplina y concentración no se puede hacer una tesis.

Cronograma

Es importante para el estudiante que esté realizando una tesis elaborar desde el principio un esquema del tiempo que se dedicará a la preparación y realización de su proyecto. Su importancia radica en poder darle seguimiento a la investigación y en caso de

CRONOGRAMA

Actividades	Tiempo						
	Jun.	Jul.	Ago.	Sep.	Oct.	Nov.	Dic.
Búsqueda de bibliografía	■						
Elaboración del marco teórico	■						
Elaboración del ante-proyecto		■					
Presentación del ante-proyecto		■					
Presentación del primer informe			■				
Presentación del segundo informe				■			
Presentación del tercer informe					■		
Revisión de tesis por el asesor				■	■	■	
Encuadernación y entrega						■	
Examen de tesis							■

Ceremonia de investidura

20 Dic.

retraso tomar las medidas de lugar. Aunque el cumplimiento de los compromisos de trabajo es exclusividad del estudiante, es importante la participación del asesor de la tesis.

El tiempo que durará el proyecto de tesis va a depender de una serie de factores muchas veces imponderables. Existe una media. Realizar una tesis no debe tomar menos de seis meses ni tampoco más de tres años. Intentar hacer una tesis en un tiempo récord menor a seis meses pondría en riesgo algunas de las partes de la investigación y su resultado puede ser mediocre. Seis meses es el tiempo mínimo para hacer una tesis, ya que el estudiante empleará unas ocho semanas en el proceso de elaborar un proyecto y ser aprobado en su Departamento; dedicará un número de semanas que dependerá de varios factores pero que nunca será menor a

PARTES DEL CRONOGRAMA

1. *Fijación de objetivos.* En esta etapa es importante delimitar claramente los objetivos en función de: ¿Qué tipo de investigación queremos realizar?, ¿qué sabemos del tema?, ¿qué tan preciso será el plan?, ¿qué tan limitado será el control?, y ¿con qué recursos se cuenta?

2. *Listado de actividades.* Se hará una lista de todas y cada una de las actividades que deban realizarse en la investigación, sin importar por el momento si se duplican, contradicen o varían, ya que posteriormente se harán varios arreglos hasta dejar un listado final depurado.

3. *Determinación de tiempos.* En este nivel es donde más cuenta la experiencia, ya que a pesar de que existen algunas fórmulas para la fijación de tiempos, todas se basan en el esfuerzo individual o colectivo que se esté dispuesto a hacer. Es importante dejar un margen adecuado para las variaciones que puedan presentarse.

4. *Ordenación de actividades.* Para organizar las actividades es necesario considerar las etapas del diseño de la investigación, con el fin de seguir una secuencia lógica; sin embargo, si se llegara a presentar algún error en la siguiente etapa podrá corregirse.

5. *Elaboración de la matriz secuencial.* La matriz es una tabla donde se indica la secuencia de cada actividad, señalando las que le preceden, las simultáneas y las posteriores.

6. *Elaboración de la gráfica.* Consiste en convertir los tiempos de depuración de las actividades en barras cuya longitud la determina su duración.

7. *Seguimiento y control.* De nada serviría el mejor programa si no se aplica, es decir, debe corroborarse paso a paso tanto su cumplimiento como su corrección.

ocho para la recolección y elaboración de la data; y otras ocho semanas se utilizarán en la redacción del informe y la presentación de la tesis. Esto suma seis semanas. En el otro extremo, emplear más de tres años con un proyecto de tesis indica que algo no funciona bien.

El cronograma es el registro calendarizado del proceso de investigación, que surge a partir de analizar y fraccionar las etapas señaladas en el procedimiento; en él se anotan las fechas probables para todas y cada una de las actividades que comprenderán desde definir el problema hasta elaborar el documento escrito.

En el cronograma se puede indicar, en caso de trabajo de equipo, cuál será la participación de cada integrante. No todos deberán realizar todas las actividades; la participación conjunta es importante en algunas de ellas, como definir el problema, seleccionar la información relevante, diseñar la prueba de hipótesis, analizar los datos, e inferir las conclusiones. Otras actividades pueden ser asignadas individualmente.

RECOPILACIÓN DE DATOS

La recopilación de datos es la etapa del proceso de la investigación inmediata al planteamiento del problema. Cuando se tienen los elementos que determinan lo que se va a investigar, se pasa al campo de estudio, para efectuar la recolección de los datos. Cabe aclarar que dicha recopilación se remite al uso de técnicas que establecen los instrumentos apropiados para el acceso a la información requerida. Las técnicas son dispositivos o herramientas referidas a una acción que incluye experiencia previa sobre el problema y sus componentes. Las técnicas se inventan y luego se transmiten para perfeccionarse a medida que avanzan la ciencia y la tecnología.

Las técnicas forman parte de los métodos. Todo método incluye técnica, en tanto que no hay técnicas que incluya como parte integrante a un método. El método consta de varias técnicas, sin embargo el método no es un mero conjunto de técnicas ni hay técnicas que sean exclusivas de un método determinado.

Existen numerosas técnicas para obtener información acerca del problema de investigación y de la hipótesis de trabajo, entre ellos pueden mencionarse: La observación, la entrevista, el cuestionario, los tests, la escala de actividades y opiniones y la recopilación documental. Para los objetivos de este libro, solo se estudiarán las tres primeras, que sirven a la investigación científica en la medida que: a) Contribuyen al logro de los objetivos de la investigación emprendida; b) Permiten la obtención, control y verificación de la información, de manera ordenada y regular, y c) Permiten relacionar los datos obtenidos con posiciones más generales.

Observación

La observación se realiza por medio de los sentidos; en ocasiones también se auxilia de instrumentos científicos con los cuales puede darse mayor precisión a un objeto estudiado. En las ciencias sociales, la observación posee las mismas características y significado que en las demás ciencias, ya que esta técnica permite descubrir y poner en evidencia las condiciones de los fenómenos investigados. En otras palabras, la observación ayuda al investigador a discernir, a inferir, a establecer hipótesis y buscar pruebas.

En el lenguaje corriente, algunos autores entienden por observación la expresión de la capacidad del sujeto investigador de «ver» las cosas; verlas u observarlas con método, con una preparación adecuada. Solo de esta manera, el observador centra su

TIPOS DE OBSERVACIÓN

- **Observación estructurada o controlada**
  Consiste en establecer de antemano los aspectos que se han de observar. Para esta clase de observación se recurre al apoyo de diversos
  instrumentos que ayudarán a observar con mayor precisión los datos;
  por ejemplo, la fotografía, las películas, los planos, las entrevistas, las
  cédulas, los cuestionarios y las escalas sociométricas, que permitan
  describir el comportamiento de los individuos, grupos o instituciones.

- **Observación no estructurada o no controlada**
  La no participante. No se trata de una observación con propósitos defi-
  nidos para estudiar al grupo y en la que el observador no interviene en
  la realidad estudiada.

atención en el aspecto que le interesa, uniendo sus sentidos a los
instrumentos que le ayuden a afinar sus percepciones.

El proceso de la observación debe responder al propósito
de la investigación. Para iniciarla adecuadamente, el investigador se plantea cuatro preguntas: 1) ¿Qué deberá observarse?;
2) ¿Cómo deberán resumirse esas observaciones?; 3) ¿Qué procedimientos se utilizarán para lograr la exactitud en la observación?; y 4) ¿Qué relación deberá existir entre el observador y lo
observado?

En las ciencias sociales el proceso de observación puede abarcar tres operaciones intelectuales distintas: a) Acumulación de
datos en bruto para analizar los fenómenos en estudio; b) Identificación y selección de los hechos que posean alguna significa-
ción; y c) Determinación y deducción de las instancias empíricas
relevantes para la reconstrucción y explicación de los fenómenos
considerados.

Entrevista

El instrumento más utilizado para recabar informaciones es la entrevista. La entrevista se considera como una interrelación entre el investigador y las personas que componen el objeto de estudio. El propósito de esta técnica es conversar, de manera formal, sobre algún tema establecido previamente y, a la vez, reunir datos.

La entrevista como técnica requiere de un diseño metodológico que permita hacer comparaciones entre hechos, actitudes y opiniones; ello permitirá al entrevistador, dentro de ciertos límites, variar la naturaleza del medio al tiempo en que pregunta. La entrevista es particularmente una forma de comunicación que se logra mediante un entrevistador, un mensaje, un receptor y respuestas que tienen por objetivo proporcionar información o la puesta de manifiesto de actitudes y forma de pensar.

Preparación de la entrevista

La técnica de la entrevista requiere de ciertos elementos. El «rapport» significa concordancia, simpatía, es decir, crear un ambiente de confianza entre el entrevistado y el entrevistador. La «cima» es el momento en que se considera haber llegado al límite de la entrevista, por lo que a partir de ese momento se debe prepararse el «cierre» o terminación. En el desarrollo de la entrevista existen algunas reglas de comportamiento que debe seguir el entrevistador, así como ciertas características que deben despertarse en el entrevistado. Detalles de las mismas pueden leerse en cualquier manual de tecnicas de investigación.

Para finalizar, la entrevista proporciona grandes ventajas, ya que facilita el contacto con personas que no saben leer ni escribir; permite la precisión en las preguntas; establece la posibili-

CUESTIONARIO PARA ENCUESTA

REPUBLICA DOMINICANA
Secretariado Técnico de la Presidencia
OFICINA NACIONAL DE ESTADISTICA
Departamento de Encuestas
Programa de Mejoramiento de Encuestas y de la Medición de las Condiciones de Vida (MECOVI)
Patrocinado por el Banco Mundial, el Banco Interamericano de Desarrollo y la Comisión Económica para América Latina y el Caribe

ENCUESTA NACIONAL DE HOGARES DE PROPOSITOS MULTIPLES

(ENHOGAR 2005)

21032

CONFIDENCIAL: Toda información recogida será mantenida con carácter confidencial (Articulo 12, ley de estadística, No. 5096, mayo 1959) y no será usada con fines fiscales.

SECCION I

IDENTIFICACION DEL CUESTIONARIO

UPM..

No. DE LA VIVIENDA EN EL REGISTRO...

No. DE LA VIVIENDA EN LA MUESTRA...

PROVINCIA_____

MUNICIPIO O DISTRITO MUNICIPAL_____

ZONA   1 URBANO   2 RURAL..

ESTRATOS 1: Distrito y Santo Domingo; 2: Ciudades; 3: Resto Urbano; 4: Rural...............

SECCION...

BARRIO O PARAJE _____

POLIGONO_____

AREA..

CALLE_____ No._____

NOMBRE DEL (LA) JEFE (A) DEL HOGAR_____

VISITA DEL (LA) ENTREVISTADOR (A)

	1	2	3	VISITA FINAL		
FECHA (dd/mm/aa).............				DIA................		
NOMBRE DEL (LA).............				MES.............		
ENTREVISTADOR (A)...........				AÑO................		
HORA INICIO......................				CODIGO ENTREVISTADOR		
HORA DE TERMINO.............				RESULTADO...		
RESULTADO......................						
PROXIMA VISITA: FECHA...... HORA........				NÚMERO TOTAL DE VISITAS		

CODIGOS DE RESULTADO:

1- ENTREVISTA COMPLETA
2- ENTREVISTA INCOMPLETA
3- MORADOR AUSENTE
4- VIVIENDA DE USO TEMPORAL

5- VIVIENDA DESTRUIDA
6- VIVIENDA DESOCUPADA
7- RECHAZADA
8- OTRA _____
               (ESPECIFIQUE)

	SUPERVISOR (A):	COORDINADOR DE CAMPO	DIGITADOR A...........
NOMBRE	_____	_____	DIGITADOR B...........
FECHA	_____	_____	

dad de verificar respuestas, y permite observar la reacción del entrevistado.

Cuestionario

Para estructurar un cuestionario se elaboran preguntas cuyas respuestas ayudarán a entender el objeto estudiado. En términos generales, el cuestionario es un instrumento de investigación que puede aplicarse sin intervención del investigador. El cuestionario puede distribuirse por correo o entregarse personalmente al informante. En ambos casos, su contestación se llevará a cabo sin la ayuda o supervisión del investigador. Utilizar el correo para enviar los cuestionarios tiene el inconveniente de que estos pueden no ser devueltos. La captura de información, cuando se aplica directamente, es más fácil.

Las respuestas que se obtienen del cuestionario son los datos que permitirán verificar las hipótesis preliminares o bien estudiar el fenómeno propuesto en la investigación.

Todo cuestionario deberá formularse con instrucciones y notas explicativas que permitan al informante tener claridad y le eviten titubeos o inseguridad en sus respuestas. Las preguntas pueden clasificarse en tres categorías:

- Abiertas: Son aquellas en las que el informante responde a su libre arbitrio. Generalmente emiten una opinión.
- Cerradas: Pueden contestarse con un «sí» o «no» (dicotómicas); cuando se abre una tercera opción, «no sé» o «sin opinión», son tricotómicas.
- Elección múltiple: Contiene varias opciones.

Capítulo IV

MANEJO DE DATOS

Elaboración de fichas

El estudiante que está escribiendo una tesis debe de familiarizarse con el procedimiento de hacer fichas, las que luego facilitarán el proceso de redacción. El levantamiento de la información mediante fichas se hace utilizando fichas pequeñas (3x5 pulgadas) para escribir las referencias bibliográficas completas del libro que formará parte de la bibliografía (una ficha por cada libro) y un breve comentario sobre la importancia del mismo. Estas se llaman «fichas de registro o de referencia». Estas fichas tendrán usos múltiples debido a que servirán para confeccionar la bibliografía básica a consultar, y luego se convertirán en parte de la bibliografía definitiva de la tesis.

Existen muchas formas de levantar la bibliografía básica. Una bastante simple consiste en localizar los textos fundamentales que se hayan escrito sobre el tema, consultar sus bibliografías anotando los libros que han sido utilizados más de una vez. Esta será la bibliografía básica a consultar. El complemento de la misma se hará bajo la guía del asesor de tesis.

FICHA DE REGISTRO O DE REFERENCIA

Frente

Hoetink, Harry, *El pueblo dominicano. Contribución a su sociología histórica*. Santiago, Universidad Católica Madre y Maestra, 1971.

Dorso

Considerado libro pionero en la historiografía social dominicana. Exhaustiva utilización de fuentes primarias junto a una sólida concepción teórica. Libro importante.

LOCUCIONES LATINAS DE USO COMÚN
EN CITAS BIBLIOGRÁFICAS

1. *Ibid., ibidem, idem.* Equivale a «lo mismo», o sea, el mismo autor y obra. Se usa cualquiera de ellas, cuando se cita repetidas veces a un mismo autor sin intercalar citas de otros autores.

2. *Op. cit (opus citatum o opere citare).* Significa «obra citada». Se emplea anotando el nombre de este antes de la locución.

3. *Infra.* Significa abajo o en los párrafos o páginas siguientes. Se utiliza cuando se remite al lector a una parte posterior del libro. Esta locución algunas veces se utiliza sola, pero en la mayoría va acompañada de la locución *vid.* Ejemplo: Para una mayor información *vid infra* tabla núm. IV.

4. *Supra.* Quiere decir arriba o que ese tema se ha tratado en páginas o párrafos anteriores. Generalmente la acompaña la locución *vid.*

5. *Et al. (et allii o et alius).* Significa «y otros». En general se usa para no señalar a todos los autores cuando la obra o el artículo fue escrito por más de dos personas.

6. *Cfr., Cf. (confere).* Significa compare, consulte, confronte. Por ejemplo: Cfr. Sumner Welles, *La viña de Naboth,* tomo I, p. 15.

7. *Vid. (videtur).* Quiere decir «véase». Puede acompañarse de otras locuciones.

El modelo para escribir la bibliografía sigue el siguiente orden: Apellido(s), nombre, título (*en cursivas*). Ciudad, editora, año de la publicación, cantidad de páginas. [Nótese en orden de las comas y los puntos].

Si las fichas se levantan a mano, el título debe de subrayarse. Ahora bien, dado que tenemos una lista bibliográfica completa

FICHA DE LECTURA Y COMENTARIO [DE TRABAJO]

Frente

<table>
<tr><td>

PENETRACIÓN CULTURAL YANQUI

«Existen algunas evidencias del ingreso de nuevas palabras al español dominicano, tales como *picnic* y usa (supuestamente una palabra de la región oriental para la manta de las monturas, de las letras U.S.A. en las frazadas de los infantes de marina). La celebración de las navidades pudo haber experimentado algunos cambios hacia el estilo norteamericano durante la ocupación. El deporte de la pelota (baseball), que los estudiantes dominicanos habían importado antes de la intervención, creció durante este período de manera dramática, a lo que contribuyó la presencia de los equipos de infantes de marina».

Bruce J. Calder, *El impacto de la intervención*, pp. 356-357.

Observar que las consecuencias de la ocupación militar norteamericana en la República Dominicana en el año 1916 (hasta 1924) no solo fue de índole económico sino que repercutió en el aspecto cultural. Referir parte de esta nota cuando se esté hablando de «El lenguaje dominicano».

</td></tr>
</table>

en donde aparece el nombre del autor, el título del libro, la ciudad en que se publicó, la editorial que lo hizo, el año de aparición y el número de páginas. Es innecesario volver a poner todos los datos de la referencia bibliográfica en cada ficha de lectura. Lo importante es distinguir la información. En el ejemplo dado más arriba estamos usando la siguiente referencia bibliográfica: **Bruce J. Calder,** ***El impacto de la intervención. La República Dominicana durante la ocupación norteamericana de 1916-1924.*** **Santo Domingo, Fundación Cultural Dominicana, 1989.** Con escribir en la parte inferior de la ficha el nombre del autor, el título del libro y la página que se está trabajando es suficiente.

TRANSCRIPCIÓN DE LAS FICHAS

Cuando se trata de dos o más autores, se identifica al primero de los autores que aparecen en la obra, agregándose la frase *et al.* que también puede leerse como *y otros*. Después se anotan los datos convencionales correspondientes a una bibliografía.

Puede ser que la ficha bibliográfica no corresponda a ninguna editorial, entonces se usa la abreviatura s.e. (sin editorial). Cuando son libros sin autor, es decir, anónimos, se coloca en el espacio del autor la palabra anónimo y a continuación los datos convencionales ya citados.

Los datos para la elaboración de las fichas de revista o periódico pueden anotarse en el siguiente orden: Apellido(s), nombre(s). «artículo» (entrecomillado); *título de la revista o periódico* (en cursivas); año y vol.; núm.; ciudad; editorial; fecha; colección; tipo de publicación; y total de páginas.

El segundo tipo de fichas se llaman «Fichas de lectura y comentarios», también conocidas como «Fichas de trabajo». Son generalmente más grande (5x8 pulgadas) y se escriben a ambos lados.

Todavía es usual levantar las fichas de trabajo a mano, lo cual da una conexión mayor entre el investigador y el libro que lee. Existen muchas formas de aproximarse a este levantamiento, y el investigador debe sentirse libre de elegir la que más le agrade, e incluso ser creativo al respecto. Una forma simple es ir leyendo el texto e ir subrayando con un resaltador (felpa amarilla) las partes más interesantes, que luego transcribirá a las fichas (esto solo es posible cuando se posee el libro, nunca cuando se usa un libro en una biblioteca). Los encabezados de cada una de estas fichas deben de ser colocados por el investigador en función de los temas que piensa redactar más tarde.

Lo importante de la ficha no es solo su contenido, sino su clasificación para que sea de fácil uso y consistente, es decir, que se adopte una sola forma y esa sea la que siempre se utilice.

El material que se transcribe del texto debe colocarse entre comillas para distinguirlo de cualquier otro escrito que sea propio y evitar así poner como ideas del estudiante lo que corresponde a otro autor.

Es aconsejable cuando se lea, anotar en el margen las ideas propias que vayan surgiendo de un pasaje o una página. Esas ideas deben incorporarse a la ficha, después de los datos del libro de donde salen o atrás de la ficha. Lo importante es que se recuperen y que quede claro que son del alumno que está haciendo la tesis. Serán muy importantes a la hora de redactar.

Algo más: Conviene hacer las fichas inmediatamente después de la lectura de cada libro. Así se tendrá fresco el texto y las fichas podrán hacerse mejor. Además, se evitará el tedio de hacer muchas fichas seguidas. Es al término de la elaboración de cada ficha cuando es mejor darle la clasificación conveniente en función del esquema.

Es bueno señalar que en esta época de soporte informático se puede tener un excelente auxilio para realizar estas fichas en «buscadores» más efectivos que el método tradicional. Programas como *File Maker* o *End Notes* son simplemente herramientas casi mágicas.

En lugar de transcribir a mano o en máquina de escribir los datos y luego buscar las tarjetas una por una hasta encontrar la información necesaria, los datos se capturan en la computadora elaborando una base de datos y luego se le pide a la máquina lo que uno desee encontrar.

MODELO DE NOTAS AL PIE DE PÁGINA

En la Capital, el partido de Moya sólo obtuvo 500 votos el primer día, y los jefes del partido, protestando, abandonaron las urnas.

Temiendo que se recurriera a la violencia, el presidente Woss y Gil se trasladó a La Vega inmediatamente después de las elecciones con el propósito de inducir al general de Moya a que cediera ante lo inevitable, y que volviera a la Capital con él, para ofrecerle su apoyo al Presidente electo; pero no habiendo tenido éxito en su misión, el Presidente abandonó La Vega el 20 del mismo mes, e inmediatamente después la revolución fue proclamada por los partidarios del candidato derrotado.[55]

El éxito coronó los esfuerzos de los revolucionarios[56] al principio; pero después de repetidos encuentros,[57] se vieron obligados a abandonar a Santiago, la cual habían tomado al principio, refu-

---

55. Tulio Manuel Cestero en su novela *La Sangre* (1914: 1955: 31) define a Casimiro N. de Moya en ese momento de la siguiente manera: «Joven de atractivo talante, laborioso, inteligente, con algo de donjuanismo, congregó en torno suyo a los azules liberales, a la juventud recién nutrida por las doctrinas de Hostos, y a cuantos poseían aspiraciones y soñaban con el progreso, aun cuando en las mismas filas militaran, sirviendo de cimientos a la empresa, conmilitones de los tiempos pasados...».

56. El control del Cibao estuvo en un principio en manos de la revolución, quienes incluso llegaron a incomunicar al gobierno al averiar las líneas del telégrafo «cortando y quitando los alambres, y haciendo desaparecer todos los postes y aisladores desde Altamira hasta La Vega (*Gaceta Oficial*, 14 de mayo de 1887). Dice Bosch (1988: 63) que los revolucionarios «en los lugares por donde pasaban las líneas del Cable Francés o del telégrafo los partidarios de Moya tumbaban los postes y cortaban los alambres a machetazos» con la sola intención de incomunicar a las tropas del gobierno. Controlada la Revolución de Moya, el gobierno tuvo que pagar $33,763.30 pesos mejicanos a la Compañía Telegráfica de las Antillas por los daños causados en sus líneas de transmisión y como indemnización por las ganancias dejadas de percibir mientras estuvieron suspendidos los servicios (Resolución núm. 2514 en *Colección de Leyes, Reglamentos &...*, *1887* y Domínguez, 1986: 70).

57. Esta revolución fue bastante sangrienta. Gregorio Luperón dice que «pasaron de seiscientos los muertos y heridos, y muchos de estos quedaron inválidos para siempre» (1939, III: 237). Nicanor Jiménez (2008: 34) da constancia de que para esa época se encontraba en Santiago el doctor Pedro Pablo Dobal, quien se acababa de graduar en La Habana, «y se especializó en cortar brazos y piernas a los heridos que precedían de las filas revolucionarias». Más informaciones sobre la labor médica de Dobal pueden leerse en Espinal Hernández (2003); y Cantisano (1962: 172-176).

72

Fuente: Sumner Welles, *La Dictadura de Heureaux*. Presentación, notas, adenda y edición de Orlando Inoa. Santo Domingo, Editorial Letra Gráfica, 2012.

NOTAS AL PIE DE PÁGINA (O AL FINAL DEL CAPÍTULO)

- **Numeración**. Se pone el mismo número arábigo, mecanografiado medio espacio por encima del renglón, sangrado normalmente, sin ningún signo de puntuación, inmediatamente antes de la referencia.

- **Secuencia**. Comience una nueva serie numérica con cada capítulo.

- **Colocación**. Tanto en notas al pie de página como en las de finales de capítulo, el texto de la nota se separa de la redacción principal mediante una línea de unos cuatro centímetros –unas 20 pulsaciones– comenzando en el margen izquierdo, a doble espacio interlineal del texto corriente y coloque el texto de la nota, a un espacio de la línea.

- **Espaciado**. La sangría de las notas debe ser idéntica a la utilizada en los párrafos del texto corrido, después del punto y aparte. El material de cada nota se mecanografía a espacio simple; pero entre nota y nota debe dejarse espacio mayor. Recuerde que después del número de llamada que estará medio espacio por encima del renglón, no hay puntuación y se dejará un espacio entre el número y la primera palabra de la nota.

- **Tamaño de la letra**. Use tipo menor que el usado en el texto.

- Si las notas se ponen al final del capítulo, se procede en forma similar en cuanto al número de llamada, secuencia y espaciado. Obviamente, se copian todas las notas seguidas. Entre nota y nota, se deja un espaciado interlineal mayor, por estética.

Notas al pie de páginas (o al final de capítulo)

La identificación de la nota se hace mediante un número arábigo ligeramente volado –medio espacio por encima del renglón normal–, sin ningún signo de puntuación, inmediatamente después del autor, o información que se desea explicar, o referenciar.

Hay dos formas de presentar las notas; que son al pie de página o al final de cada capítulo. La primera es más tradicional y muy fácil de ha-

EJEMPLO DE PRESENTACIÓN DE CUADRO

CUADRO No. 1

DISTRIBUCIÓN PORCENTUAL DE LOS HOGARES
RECEPTORES DE REMESAS, SEGÚN PROVINCIAS, 2002

Provincia del país	Hogares receptores	Hogares no receptores	No declarado
Todo el País	**10.2**	**83.9**	**5.9**
Distrito Nacional	11.2	82.6	6.2
Azua	7.8	83.8	8.4
Bahoruco	8.7	85.9	5.3
Barahona	9.4	83.5	7.1
Dajabón	8.0	89.2	2.8
Duarte	12.4	82.9	4.7
Elías Piña	2.9	91.4	5.7
El Seibo	8.9	86.7	4.3
Espaillat	10.2	84.3	5.5
Independencia	8.5	84.0	7.5
La Altagracia	7.8	87.1	5.1
La Romana	9.6	83.6	6.8
La Vega	9.1	86.0	5.0
M. T. Sánchez	12.0	84.3	3.6
Monte Cristi	11.8	85.3	2.9
Pedernales	4.0	89.3	6.6
Peravia	14.6	80.4	5.0
Puerto Plata	9.5	83.5	6.9
Salcedo	16.8	79.0	4.2
Samaná	9.3	85.0	5.7
San Cristóbal	7.3	86.2	6.4
S. J. de la Maguana	4.3	90.2	5.5
S. P. de Macorís	11.1	82.7	6.2
Sánchez Ramírez	8.9	87.0	4.1
Santiago	12.5	82.4	5.1
Santiago Rodríguez	9.8	87.0	3.2
Valverde	12.2	84.4	3.4
Monseñor Nouel	10.0	85.6	4.4
Monte Plata	6.7	87.6	5.7
Hato Mayor	10.2	84.7	5.1
San José de Ocoa	7.0	89.6	3.4
Santo Domingo	10.8	81.9	7.2

Fuente: Informe Nacional de Desarrollo Humano. República Dominicana 2005.
Oficina de Desarrollo Humano, 2005, p. 138

cer con el ordenador; la segunda es bastante empleada actualmente en algunas áreas del conocimiento. Consulte al Departamento, Escuela o Facultad, para adoptar la forma exigida. En cualquier caso, sea coherente manteniendo el mismo estilo a lo largo de todo el documento.

Relación cuadro-texto

El cuadro ayuda a la intelección del texto. La relación cuadro-texto puede quedar definida en estas orientaciones:

- Un cuadro debe estar de tal manera concebido y construido que pueda leerse y entenderse por sí mismo, independientemente del texto.
- El texto debe ser auto inteligible de tal forma que pueda seguirse el curso del pensamiento sin detenerse en los cuadros.

Dónde colocar un cuadro estadístico

La ubicación óptima del cuadro estadístico es ubicarlo en cuanto se menciona en el texto.

Cuando esto no es posible, conviene que el cuadro estadístico aparezca en la página siguiente, al terminar un párrafo completo. Sin embargo, si en la página no hay espacio para terminar el párrafo y para poner el cuadro completo, se dedicará esa página íntegramente para el cuadro estadístico.

Si el cuadro estadístico es menor en extensión que una página mecanografiada, se espera que el cuadro íntegro sea colocado en la misma página en que está el texto que lo refiere.

Si el cuadro estadístico por su estructura ocupa más del ancho de una página en su posición normal, o sea en la forma vertical, el cuadro será mecanografiado en forma apaisada en la página correspondiente; en este caso el cuadro debe ocupar toda la página sin llevar ninguna parte del texto en la forma normal. El encabezamiento del cuadro debe quedar en el margen del lomo.

Presentación de los cuadros estadísticos

a) **Número y título**. El cuadro estadístico debe estar debidamente identificado con la palabra CUADRO en mayúsculas, seguido del número arábigo que le corresponda. La palabra cuadro y su número correspondiente ocupan una línea.

Dejando un espacio interlineal de por medio, y debidamente centrado en la página, se pone en mayúsculas el título del cuadro. Si el título ocupa más que el ancho del cuadro, se escribe el título en dos o más líneas en forma de pirámide invertida y a espacio simple. El título del cuadro debe describir con claridad y precisión estrictamente la información que incluye.

b) **Encabezamiento de columnas**. El título de cada columna debe estar debidamente centrado.

c) **Título de las partidas**. Cada renglón debe ser debidamente identificado por el título que describa la partida a que se refieren los valores que se ofrecen en el cuadro. La primera palabra y los nombres propios, si los hay, se escribirán con mayúsculas.

d) **Encasillado**. Los cuadros con solo tres columnas no deben llevar encasillado. Pero en general los cuadros estadísticos que constan de más de tres columnas llevan estos encasillados, con líneas verticales y horizontales.

Entre el título y los encabezamientos de columna se traza una línea horizontal. Las columnas van separadas por líneas verticales. Los lados derecho e izquierdo del cuadro se dejan abiertos.

e) **Alineación de columnas.** Si tienen solamente cifras con enteros, la columna debe alinearse teniendo en cuenta el guarismo que representa las unidades, o sea alinearse verticalmente por el último dígito. Si los números incluyen decimales, el punto que separa los decimales de los enteros debe ser el criterio para alinear las columnas.

f) **Unidad de medida.** La unidad en que se indican las cantidades que aparecen en el cuadro debe manifestarse expresamente. La mejor práctica es tratar de usar una única medida a lo largo de todo el cuadro, siempre que sea posible. En estos casos, se indica debajo del título la unidad utilizada. Si se utiliza algún múltiplo debe aparecer explícitamente; por ejemplo, en miles de pesos o en millones de pesos. Cuando por la naturaleza del cuadro, las columnas expresan montos cuantificados con distintas unidades de medida, deberá indicarse claramente en el encabezamiento de cada columna, o en el título del renglón o partida.

Notas sobre los gráficos

Aunque los gráficos a utilizar en una tesis deben de ser simples, sencillos y comprensibles, no se puede confiar en que estos hablen por sí solos. Lo primero a tomar en cuenta es que cada gráfico debe de estar colocado en el lugar apropiado, justo allí donde se está hablando de lo que muestra; segundo, cada gráfico debe de tener un título que oriente sobre su contenido; y tercero, nada debe de estar sobreentendido; cada parte del gráfico debe de estar debidamente identificada. Asegúrese de que el contenido del gráfico esté explicado correctamente en el desarrollo de la tesis. Un gráfico oportuno ayuda a la comprensión de lo expuesto, gráficas extras confunden y hacen tediosa la lectura.

EJEMPLO DE PRESENTACIÓN DE GRÁFICO

GRÁFICA No. 1

INMIGRANTES DOMINICANOS ADMITIDOS EN E.U. Y SALIDAS NETAS REGISTRADAS DE DOMINICANOS, 1980-2002

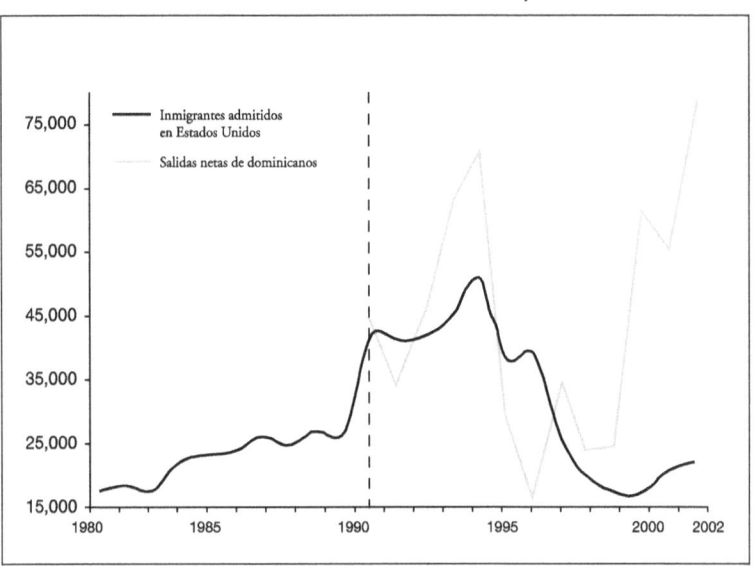

Fuente: Informe Nacional de Desarrollo Humano. República Dominicana 2005. PNUD, Santo Domingo, 2005, p. 123

Los apéndices

¿Qué debe remitirse a los apéndices? Los apéndices son muy útiles para facilitar al lector materiales que tienen relación con el texto pero que resultan demasiado voluminosos o desarticulados para ser incluidos en el cuerpo de la obra.

¿Dónde se colocan? Al final del trabajo, inmediatamente antes de la bibliografía.

Capítulo V

EL INTERNET Y LA TESIS

Citas de fuentes electrónicas

Cada día hay más documentación vertida en fuentes electrónicas, tales como internet, CD-ROM, on line, etc. Las citas tomadas de estas fuentes cumplen exactamente la misma función que las citas tomadas de fuentes impresas sobre papel, esto es, servir para identificar la fuente y proporcionar suficiente información para permitir al lector acudir a ella y contrastarla si lo desea.

Por ser tan recientes y nuevas estas fuentes electrónicas, no se han desarrollado unas normas de citarlas, ya estables y comúnmente aceptadas. Por otra parte, el medio electrónico no es tan fijo como la impresión en papel, por lo que está variando continuamente, debido a su facilidad de comunicación. Esto exige sentar algunas orientaciones prácticas sobre cómo deben citarse. Este es el propósito de este apartado.

Debe insistirse en que las recomendaciones que se hacen aquí para citar de fuentes electrónicas son simplemente orientadoras, porque no hay criterios asentados, porque la tecnología está cambiando y porque la comunidad académica todavía no se ha decidido por una forma generalmente aceptada.

Localizador uniforme de recursos
[*Uniform Resource Locator, URL*]

Los localizadores uniformes de recursos son unos indicadores de dirección de la red World Wide Web, que se dan al explorador para encontrar una página web, y es también la forma de especificar la situación de una información en internet. Observe los distintos componentes de una dirección web típica; estos son cinco.

Protocolo	Servidor	Ruta de acceso	Nombre archivo	Tipo de archivo

http://www.upco.es/main/indexN.htm

Protocolo de transferencia

http. Es el protocolo de internet utilizado para controlar el archivo. Un protocolo no es más que un lenguaje o código utilizado por un ordenador para comunicarse con otros ordenadores, impresoras, o módems.

El protocolo se separa del resto de la dirección mediante el signo de dos puntos (:). Los protocolos más utilizados son el ftp (file transfer protocol, protocolo de transferencia de archivos) y el http (hypertext transfer protocol, protocolo de transferencia de hipertexto). Este es el más utilizado en internet e indica que el archivo está almacenado en un servidor Web.

Otros protocolos son: Gopher, un formato solo de texto, predecesor de la web; y news, que es un formato para noticias.

Servidor

www.upco.es. Indica el servidor y dominio de una dirección URL. Es la ubicación de la red. Es un nombre único que sirve para identificar al servidor de internet, y está compuesto por dos o más partes separadas por puntos. Muestra además el país donde radica el servidor. También puede señalar el tipo de organización de donde procede la información: Si es una institución educativa (.edu) o comercial (.com) gubernamental (.gov), o de otro tipo.

Directorios y subdirectorios

main/. La tercera parte de la dirección es la ruta de acceso, que identifica la carpeta o directorio que contiene el archivo; a veces incluye también el subdirectorio.

Nombre y tipo de archivo

indexN.htm. La cuarta parte de la dirección URL es el nombre de archivo. El último componente muestra el tipo estándar de archivo. Hay varios tipos:

.html o *.htm*. Son de hipertexto, estándar en la web.

.gif, .jpg, .bmp. Son de formatos de imagen.

.zip, .tar. Son de archivos comprimidos.

Ejemplos
  http://www.google.com.do
  http://www.codetel.com.do/productosyservicios/default.asp
  http://www.diariolibre.com/app/article.aspx?id=55797

Backbone. Parte de una red LAN o WAN que actúa como vía principal del tráfico de datos existente entre las subredes asociadas. Suele disponer de mayor ancho de banda que las conexiones de dichas subredes.

Bit(s). Unidad que identifica la capacidad de transmisión en una red. Hoy en día, la mayoría de los módems transmiten a 56.000 bits/s.

Caché. Espacio del disco duro que el navegador reserva para registrar las páginas visitadas. La saturación del disco duro tras varias horas de navegación se soluciona, bien vaciando la memoria caché manualmente (enviando los contenidos de los archivos a la papelera de reciclaje), o bien mediante los recursos que ofrezca el programa de navegación que se esté utilizando.

Cookies. Pequeños programas que almacenan en un archivo en el ordenador del usuario (llamado *Magic Cookies* para Mac y *Cookies.txt* para PC) los diferentes servicios consultados durante el tiempo de navegación de un usuario en la Web. Las *cookies* registran también la duración de la consulta del sitio.

EFF (Electronic Frontier Foundation). Asociación fundada en 1990 por Match Kapor y John Perry Barlow con el fin de ofrecer ayuda jurídica a los jóvenes apasionados de Internet acusados de piratería informática.

Emoticon (Smiley). Estos pequeños símbolo al final de una frase. Se utilizan para indicar el estado de humor del interlocutor. Por ejemplo, un comentario jocoso podría ser mal interpretado sin la presencia de este símbolo. Para comprender los smileys, hay que inclinar la cabeza 90° a la izquierda.

:-)	Sonrisa o chiste	:-|	Indiferencia
;-)	Un ojo guiñado	:->	Comentario mordaz
:-(	Trizteza	:'-(	Llorar de pena

Los emoticonos europeos no son siempre comprensibles para otras culturas. Algunos emoticonos tienen un sentido distinto en otras culturas. Por ejemplo, los japoneses utilizan unos emoticonos específicos entre ellos.

Gopher. Primer programa que organizó Internet, jerarquizando los archivos en carpetas y subcarpetas, como sucede en Windows. *Gopher* es el nombre de un pequeño roedor de la familia de las ardillas.

PDF (Portable Document Format, Formato de Documentos de Acrobat). Los documentos PDF necesitan un software específico para poder ser abiertos y leídos (un «reader»). Contrariamente a la aplicación que genera los documentos en formato PDF, el lector es gratuito. El formato PDF es muy utilizado en Internet bien como aplicación completa o bien como plug-in de un navegador («Netscape» o «Explorer»).

Sea muy cuidadoso en dar la dirección completa, por más compleja y larga que sea, incluyendo el protocolo de acceso: http, ftp, gopher, telnet, news; y después de la ubicación en la red, la ruta y los nombres de los archivos.

Ponga toda la dirección de la URL en cursiva. Esto da unidad e identidad a la dirección.

Ejemplos
http://www.listindiario.com.do/
http://www.see.gov.do/sitesee/default.htm

En la dirección web no debe dejarse espacios en blanco en el interior.

Los nombres de dominio de las URL se ponen con minúsculas; los nombres de rutas de acceso que siguen a la primera barra deben escribirse según el estilo de la página de la empresa, institución u organización; por tanto se pondrán en minúsculas o con mayúsculas e incluso con dígitos, según los casos.

Los signos de puntuación de las direcciones URL actúan como separadores críticos, y deben ponerse siempre. Son los siguientes:

- (guión).

_ (raya para subrayar).

~ (tilde o virgulilla).

. (punto).

/ (barra inclinada).

\ (barra invertida).

| (barra vertical).

Si necesita dividir una dirección web, hágalo así: Divida la dirección delante de los signos de puntuación, llevando el signo a la línea siguiente. Si resulta imposible, divida la dirección URL entre sílabas, con un salto de línea automático. No divida la URL con un guión. Eso induciría a creer que el guión es parte de la dirección.

Ejemplos
Dirección: <http://www.educando.edu.do/educando/estudiantes>
Puede dividirla así: <http://www.educando.edu.do/educando
/estudiantes>
Incorrecto: <http://www.educando.edu.do/educa-
ndo/estudiantes>

Si dentro de un texto, una dirección URL finaliza una frase, ponga el punto final.

Ejemplo
Ha resultado muy interesante el tratamiento que se hace en el artículo <http://www.uasd.edu.do/historia.htm>.

En el contexto de internet, por *dominio* suele entenderse un nombre de la red asociado a una organización. Los nombres de dominios se estructuran en forma jerárquica, con cada nivel separado por un punto (.). Dentro de internet se distinguen estos tipos de organización:

Comercial (.com).

Educativo (.edu).

Organizativo (.org).

Gubernamental (.gov).

Militar (.mil).

De red (.net).

La Corporación de Internet para la Asignación de Nombres y Números, ICANN, recientemente ha adoptado siete nuevos sufijos para las direcciones en la red. Son los siguientes:

Para negocios (.biz).

Para la información general (.info).

Para profesionales de todo tipo (.pro).

Para instituciones museísticas (.museum).

Para viajes y aeronáutica industrial (.aero).

Para individuos (.name).

Para instituciones de cooperación (.coop).

El formato de cada dirección de internet depende de cada país. No se configura en forma idéntica en todos los países.

Cómo citar en bibliografías tomadas del internet

Libro editado en internet u otra variedad de on line

Se sigue un proceso similar a como se citan los libros impresos en papel, añadiendo la fuente de internet. La fórmula general para las citas bibliográficas de fuentes on line, es:

Apellido del autor, nombre. «Título del trabajo» (entre comillas). [Si es parte de un libro: Título del trabajo entre comillas y título del libro en cursivas]. Más protocolo y dirección, ruta de acceso o directorio, nombre de archivo, fecha de consulta o visita a la red.

Artículo de internet

Existen abundantes referencias de revistas científicas y profesionales que ya están volcandos sus contenidos en la red. Para

Ejemplos

Barsky, Robert F. 1997. *Noam Chomsky: A Life of Dissent*. Cambridge: MIT Press.
   <*http://mitpress.mit.edu/e-books/chomsky/*> 28 de enero 2006.

Hawthorne, Nathaniel. 1883. *Twice-Told Tales*. Ed. George Parsons Lathrop. Boston: Houghton.
   <*http://eldred.ne.mediaone.net/nh/*> 28 de enero 2006.

Austen, Jane. 1996. *Pride and Prejudice*. Ed. H. Churchyard.
   <*http://www.pemberley.com/janeinfo/pridprej.html*> 28 de enero 2006.

citar los artículos publicados en ellas conviene seguir unas normas parecidas a como se citan cuando el artículo se publica sobre papel. Los datos a dar son:

1. Nombre y apellido del autor.
2. Título del artículo entre comillas.
3. Nombre de la revista en cursiva.
4. Número de la revista o del volumen, según el estilo que siga.
5. Fecha de la revista.
6. Páginas en que se encuentra el artículo.
7. Dirección electrónica de la revista.
8. Fecha de la consulta o visita a la red.

Ejemplos

Obstfeld, Maurice. 2005. "A Strategy for Laxmching the Euro", *European Economic Review*. Vol. 42, Issue 6, june.
   <*http://www.elsevier.nl/locate/econbase*> 29 de enero 2006.

Cox, Paul. 2004. "Questions to Answer before Putting your Business Online", *Wall Street Journal*, Dec. 29.
   <*http://www.startup.wsj.com*> 29 de enero 2006.

Publicaciones en CD-ROM, disquete o cinta magnética

Las citas de publicaciones en CD-ROM se hacen en forma similar a las citas de fuentes impresas sobre papel. Únicamente hay que añadir el nombre del vendedor, es decir, la casa que lo distribuye. A veces un mismo producto se comercializa a través de varios distribuidores e incluso con versiones diferentes, con actualizaciones periódicas, datos de publicación, con indicación de la fecha de actualización, si es el caso.

Ejemplo

United States of America. Congress House. Committee on the Judiciary- *Report on the Fair Use of Copyrighted Works.* 11 August 1992. 102nd Cong. 1st sess. Congressional Masterfile 2. CD-ROM. Congressional Information Service. Dec. 1996.

Capítulo VI

REDACCIÓN DE LA TESIS

IMPORTANCIA DE UNA BUENA REDACCIÓN

Redactar es poner por escrito algún conocimiento, concepto, idea o acontecimiento, con el propósito de comunicarlo a otras personas. Sin embargo, este aspecto tan importante muchas veces pasa a un segundo plano o se le resta importancia debido a que el estudiante prefiere dedicarse a investigar en lugar de escribir. En el mejor de los casos y la mayoría de las veces, evita redactar conforme avanza en su trabajo, posponiendo hasta el último momento esta labor y entonces la realiza por obligación pero con muchas deficiencias.

La redacción de una tesis es una de las tareas donde se encuentran mayores deficiencias ya que es notorio que muchos estudiantes no saben redactar correctamente un trabajo de este tipo.

Más aún, durante el último semestre de una carrera profesional muchos alumnos tienen serias deficiencias en cuanto a

ERRORES MÁS COMUNES EN REDACCIÓN DE TESIS

- Falta de claridad en la redacción e ilación de ideas. Redundancias y repeticiones excesivas.

- Incongruencias de las ideas con respecto al contenido.

- Excesivo uso de lenguaje fuera de lugar.

- Abuso de extranjerismos, tecnicismos y barbarismos. Deficiencia en el uso de los vocablos y pobreza de términos.

- Deficiencia en ortografía, principalmente en el uso de las consonantes V, B, C, S y Z.

- Deficiencia en la acentuación de las palabras.

la redacción de trabajos académicos y donde más se acentúan estas irregularidades es en el uso de las reglas gramaticales. Es indispensable que el estudiantes se provea de un buen manual de ortografía. Un texto que recomendamos por su calidad y sencillez es el de Santiago Cabanes, *Manual de ortografía de la lengua española* (Santo Domingo, Editorial Letra Gráfica, 2003, 170 páginas).

La redacción es, en varios sentidos, la etapa culminante. Lo es por varias razones: Es la última tarea; a través de ella lograremos expresar ideas y relatar hechos; es lo que los demás juzgarán y no lo que está detrás (las lecturas, las fichas, las dudas, lo pensado, las muchas horas de trabajo, de angustias, de ansiedades y anhelos). Es en la escritura donde nos daremos cabal cuenta de si logramos o no nuestro objetivo. Mientras las ideas estén solo en la cabeza serán conocimiento subjetivo. Solo al expresarlas –y más aún por escrito– se convierten en conocimiento objetivo.

Antes de proseguir sobre cómo redactar es indispensable hablar de dónde hacerlo y de las condiciones necesarias para hacerlo. Por supuesto que para todo el proceso –desde el diseño de la tesis, pasando por las lecturas y elaboración de fichas hasta la redacción– las condiciones son fundamentales; pero en ninguna etapa tanto como en la redacción. Debe procurarse un lugar tranquilo, silencioso, con buena iluminación y buena temperatura; con un escritorio o mesa en donde se pueda desplegar el material, y pueda apoyarse para escribir, y una silla cómoda. No se puede hacer una tesis con el televisor prendido o en una habitación con niños gritando o en un lugar donde todo el mundo entre y salga. Lo ideal es en una habitación de la casa que reúna las condiciones antes dichas o en una buena biblioteca. El lugar necesita también estar cerca de la casa o de la universidad para evitar perder tiempo y energía innecesariamente.

Las horas de trabajo y sueño y el tipo de alimentación también son relevantes. Debe procurarse una buena y balanceada alimentación, las horas de sueño que cada quien necesita (variable pero no menos de 7) y un horario que permita sentarse a escribir con la mente y el cuerpo descansados. No se debe trabajar inmediatamente después de las comidas ni después de haber hecho algún esfuerzo considerable, físico o mental. Tampoco se podrá trabajar bien si se está desvelado. Los profesores no suelen hablar de estas condiciones por considerarlas triviales o sabidas. No obstante, es necesario señalarlo.

La tesis debe escribirse cuando se ha terminado la investigación. Hoy día se ha puesto más o menos de moda el trabajo por capítulo, es decir, leer, clasificar y escribir lo correspondiente al capítulo y luego hacer lo propio con el siguiente. Es una escritura «vertical», por así decirlo. Tiene la ventaja de que parece que se acorta tiempo y el alumno siente que avanza más pues ve resultados más rápidos, ya que tiene los capítulos terminados, en tanto que de la otra forma se aplaza la redacción y solo se «mide» el avance por la cantidad de fichas y lecturas. Pero lo primero es una ficción. No se avanza más rápido, y aunque es una ventaja psicológica, metodológicamente presenta problemas. Si se trabaja por capítulos se pierde de vista el bosque y se cae con mucha facilitad en una tesis de suma de partes, donde el capítulo primero nada tiene que ver con los que le siguen. No hay hilación, la hipótesis se pierde de vista y no cruza los capítulos. No es un verdadero trabajo de investigación, pues no se rastrea o busca el hilo de la hipótesis hasta llegar a la verdad o a la solución del problema. Son partes distintas cuya relación es ficticia.

La redacción, entonces, debe hacerse al final, cuando se han hecho todas las lecturas, cuando se han elaborado todas las fichas y se ha agotado lo que uno se propuso investigar. Se habrá contemplado el bosque, estudiando algunos árboles y llegado a fondo en el análisis de una o algunas hojas. Será un trabajo hilvanado, fluido, sin repeticiones innecesarias y mejor redactado. Es la forma correcta de hacer una investigación.

El lenguaje debe ser claro. Por supuesto que hay que usar un vocabulario científico pero debe utilizarse para explicar las cosas de manera que sean comprensibles, no para ocultar la falta de ideas o su trivialidad. Evitemos, pues, palabras complejas y altisonantes. Es muy frecuente encontrar tesis (y libros) que son ininteligibles, llenos de palabrería vana y pomposa que intenta disfrazar la trivialidad de ideas o la falta de evidencia de lo que sostienen. Se debe escribir con claridad para que cualquier persona con mediana cultura pueda comprenderlo. Un lenguaje oscuro no permite la comunicación. No hay que olvidar nunca que escribimos para expresar ideas y describir hechos. El lenguaje no debe utilizarse como un fin en sí mismo. Tampoco se debe escribir con prisas, ni en los ratos libres que nos dejan otras ocupaciones. Debe reservársele un sitio y un horario específicos y hacerse con la calma debida. Solo así se pueden desarrollar bien las ideas y evitar repeticiones. Hay alumnos que andan siempre corriendo y que pretenden escribir así. El resultado es una repetición frecuente (pues no recuerdan que antes ya dijeron las cosas), una falta de ilación y una mala redacción. Escribir requiere pausa, reflexión. Se puede escribir de corrido, con cierta prisa, una primera versión, pero después habrá que revisarla y corregirla con calma, con concentración.

El material para escribir está en las fichas pero requiere integración, análisis y desarrollo propios y hacer esto, como el estilo literario, es cuestión de cada quien. No hay más reglas que las de la ciencia, la lógica y la sintaxis.

Después de escribir cada capítulo hay siempre que releerlo para ver cómo quedó y para hacer las correcciones necesarias de fondo y de forma. Aunque a veces es difícil separarlos, aconsejo pensar primero solo en el fondo (en el contenido) y después en la forma (en la redacción). El alumno buscará corregir su capítulo según sus propios criterios críticos. Una vez que ha hecho sus propias correcciones lo llevará a su asesor de tesis quien, después de una lectura atenta, deberá hacer las observaciones pertinentes. Es casi seguro que habrá que volver a trabajar en el capítulo y hacer las modificaciones y correcciones necesarias hasta concluir una segunda versión y es cuando habrá que visitar de nuevo al asesor. Aconsejo que el estudiante vea siempre sus primeros escritos como un borrador y así estará más abierto a las críticas y sugerencias, y tendrá menos prisa y presión para corregirlos. Es cuando el asesor indique que el capítulo está terminado cuando podrá proseguirse con la redacción del siguiente, y así sucesivamente.

Una vez que se han terminado de escribir los capítulos se redactarán las conclusiones. En estas se recogen los elementos más importantes de toda la tesis; en especial la corroboración de las hipótesis particulares (si las hubo). Lo que se trata de mostrar es precisamente que se consiguió lo que se buscaba, esto es, la corroboración de la(s) hipótesis, que es la solución al problema que uno eligió. Como en la tesis el alumno «habla» en todos los capítulos, las conclusiones deben de ser breves y sustantivas. Después de redactar las conclusiones, se escribe el prólogo en el que se explicará lo que se pretendió hacer, los pasos que se siguieron y, si se quiere, el porqué se eligió ese tema y ese problema. Ahí también van los agradecimientos, aunque se estile expresarlos en hoja aparte, colocada después de la dedicatoria.

En la investigación de campo hay etapas adicionales. Primero, por supuesto, habrá que leer el material en torno al tema y al problema que se está investigando y clasificarlo. Como en este tipo de investigación se trata de conocer directamente el objeto de estudio, se elegirá de qué manera se podrá hacer eso mejor. Las herramientas usuales, son la encuesta y/o la entrevista. Habrá que elaborarlas, aplicarlas, analizarlas, interpretarlas y codificarlas (darle a las respuestas una clave, por medio de palabras, letras y/o cifras para agruparlas por clase y poder identificarlas). Este material también se clasificará en función del índice y se utilizará para la redacción.

ESTILOS DE REDACCIÓN

Claridad

Consiste en la expresión de las ideas y conceptos de tal manera que su lectura sea de fácil e inmediata comprensión. Esta característica busca la utilización de términos sencillos y claros que permitan captar fielmente las ideas que se quisieron expresar; para esto es conveniente que en la redacción se consideren los siguientes puntos:

- Ordenar las ideas y conceptos en forma lógica, conforme a un método claro y secuencial.
- Anotar las ideas una sola vez, en forma clara y sencilla, evitando el exceso de explicaciones y el uso de conceptos irrelevantes que se alejen del tema central.
- Suprimir las acotaciones que no vengan al caso, tales como aclaraciones entre paréntesis, corchetes y guiones, que muchas veces solo provocan confusión entre los conceptos.
- Evitar el uso de términos ambiguos, cantinflescos, y frases redundantes que abultan el escrito y solo entorpecen la lectura.
- Redactar párrafos sencillos, claros y concretos que contengan solo las ideas fundamentales.
- Utilizar el lenguaje conocido evitando los vocablos rimbombantes o aquellos de los que desconocemos su cabal significado.

Propiedad

La característica de propiedad en una redacción es la construcción de frases conforme a las reglas gramaticales; usando los vocablos adecuados de acuerdo con el significado exacto de las palabras, utilizando su escritura y pronunciación en el sentido correcto que se quiere dar a las expresiones.

Ello exige un alto dominio del lenguaje, del significado y sentido de las palabras, además de un correcto uso de los sinónimos, antónimos y homónimos para evitar expresiones equivocadas, fatuas y que solo quitan valor y estética a un escrito. Muchas veces se tiende a utilizar palabras de las que se desconoce su significado o que más o menos se parecen a lo que se quiere decir, pero al utilizarlas solo se expresará inadecuadamente nuestro concepto.

Son abundantes los ejemplos de esa falta de exactitud, entre ellos tenemos, el uso indiscriminado de la palabra *política* en lugar de términos como *norma*, *regla* o *lineamiento*, los cuales tienen significados diferentes entre sí. También *filosofía* (amor a la sabiduría), a la que se atribuyen diferentes conceptualizaciones tales como «La filosofía de esta tesis», «La filosofía de la empresa»; así como la utilización excesiva de extranjerismos o tecnicismos de los que se desconoce su significado literario y su aplicación específica en el texto. Evite el acomodarse al uso excesivo de frases muletillas tales como: «En ese sentido», «Como habíamos dicho antes».

Un buen consejo que los asesores pueden dar al novel redactor de una tesis es que al escribir su texto solo usen lo estrictamente útil y esencial. Se tiene que evitar incurrir en las tres erres (repetitivo, redundante y reiterativo), aunque tampoco se debe abusar de la cortedad en el lenguaje.

Una práctica provechosa es tener siempre a mano un diccionario, y consultarlo cada vez que se tenga una duda sobre el significado preciso de una palabra o la forma de escribirla.

Concisión

Esta característica consiste en expresar con el menor número de palabras nuestros pensamientos, ideas y conceptos, sin que por ello se le reste claridad al contenido de nuestra redacción.

Se puede saber que una tesis es concisa cuando su contenido es comprensible gracias a la claridad, sencillez y precisión de las palabras utilizadas para expresar directamente lo que se quiere decir.

Conciso no quiere decir resumido sino que es la utilización de las palabras apropiadas de acuerdo con el tema de que se trate.

No es fácil redactar en un estilo conciso, la mayoría preferimos el camino fácil de la argumentación excesiva pues evidencia menos nuestra deficiencia en el manejo del lenguaje.

Es recomendable practicar esta característica pidiéndole al alumno que elabore primero borradores extensos, tal y como sea su expresión natural, y que después vaya depurando sus conceptos hasta simplificarlos de tal manera que finalmente quede solo lo esencial.

Tono y fuerza

La forma de redactar, la intensidad que se le de al escrito y la oportunidad en el uso de los términos plasmados en un documento, es lo que se llama tono del escrito.

En un escrito pueden existir diversas tonalidades, desde las muy tenues y tibias hasta las fuertes y acaloradas. Sin embargo, esta característica se debe entender como los grados y la potencialidad que expresarán la personalidad del autor.

Sintaxis

Esta es una de las partes fundamentales de la gramática. Se encarga de analizar la formación de las palabras a fin de que haya congruencia en la composición de las oraciones y cierta concordancia que dé sentido a las expresiones que integran un escrito. Una característica preponderante de la sintaxis es la correcta construcción de las frases y oraciones de un texto. Esta regla elemental de la redacción, que es básica en la formación de los estudiantes desde sus primeros años de escolaridad, viene a ser uno de los principales obstáculos a la hora de escribir debido a que es frecuente que los alumnos acusen muy serias deficiencias en cuanto a la construcción de frases, oraciones y cierta congruencia entre los términos que utilizan para expresar sus ideas. Lejos de aplicar esta parte de la gramática, tal parece que no la conocen; desde luego que hay honrosas excepciones.

Las recomendaciones que pueden darse al alumno para evitar deficiencias de sintaxis pueden estar en función de la experiencia y conocimientos del propio asesor; así como en una exigencia de repasar la utilización elemental de cada una de las partes de la gramática.

Capítulo VII

NORMAS PARA LA PRESENTACIÓN DE LA TESIS

Extensión de la tesis

Aunque la calidad del trabajo es el aspecto más importante, el número de páginas solo afecta la impresión inicial del lector y esta es totalmente subjetiva. Sin embargo, para evitar que el trabajo sea juzgado a priori por sus dimensiones, se sugiere un mínimo de 80 páginas y un máximo de 150, aclarando que esto es también una apreciación meramente subjetiva y que el estudiante puede ampliar o reducir esa cantidad, según las necesidades de su trabajo.

Para las tesis doctorales no se puede indicar una extensión determinada; solo puede recomendarse que tenga la extensión adecuada para cumplir el propósito de toda tesis que consiste en ser un trabajo científico que contribuya al progreso del conocimiento en la rama propia de la tesis. De todas formas, consulte con el Departamento o Facultad donde vaya a presentar la tesis.

Papel

Las páginas de la tesis deben estar impresas por una sola cara en papel blanco de baja acidez de un peso de por lo menos 80 gramos (bond 20 o 24). Debe ser un papel de calidad que reciba bien la impresión, por lo que no debe ser poroso (evítese el papel de hilo).

Tamaño del papel

El factor primordial para establecer el tamaño de una tesis está determinado por las necesidades de espacio de las bibliotecas, no del escritor. El tamaño debe ser 8.5 x 11 pulgadas.

Encuadernación

La tesis debe presentarse encuadernada en pasta dura o en rústica, en este último caso con cartulina de un gramaje apropiado de al menos 220 gramos. No se acepta encuadernación con unas tiras que se pegan en el lomo; o con espiral metálica o de plástico, en hojas perforadas.

Las guardas. Son las dos páginas en blanco, que deben ponerse antes de la página de título, y al final, antes de la cubierta posterior.

Presentación tipográfica: Normas generales

Impresión

La impresión tipográfica de la tesis debe hacerse por impresora láser o de chorro de tinta, o en el sistema offset (de imprenta); la elección de cualquiera de estas opciones dependerá de las posibilidades económicas del interesado. Ambas deben de tener calidad que permita hacer fotocopias nítidas.

Aunque existe gran variedad de colores y tipos de letras se sugiere sobriedad y buen gusto. El tamaño de la letra debe ser de 10 a 12 puntos, del tipo *Times New Roman* o equivalente, en tinta negra.

Márgenes

Deben dejarse los siguientes espacios como márgenes: Margen izquierdo: 1 pulgada; márgenes derecho, superior e inferior: 1.5 pulgadas. En la primera página de cada parte o capítulo debe dejarse un margen superior mayor; se recomienda que el titular del capítulo quede a unas dos pulgadas del borde superior del papel. Esta misma presentación debe mantenerse coherentemente a lo largo de todos los comienzos de capítulo en toda la tesis.

Sangría

La línea de comienzo del párrafo, después de punto y aparte, suele sangrarse de 5 a 8 espacios. Escoja una de estas sangrías pero mantenga la misma sangría a lo largo de todo el escrito.

Justificación

El margen derecho de la página debe quedar justificado, es decir lo más homogéneo posible verticalmente. Si no le cabe la palabra entera, divídala conforme a las normas de la Academia de la Lengua. No trate de igualar el margen usando guiones.

Espaciado interlineal

El texto debe mecanografiarse a doble espacio. Cada nota al pie de página deberá mecanografiarse a espacio simple. Siga las normas que se indican en las páginas 50-53 de este libro a propósito de las notas al pie de página o al final del capítulo.

Citas en el texto

Si es breve, es decir, si la cita es menor de cuatro líneas, se incluye en el texto corrido, con comillas al comienzo y fin de la cita. Si es larga, o sea con una extensión mayor de cuatro líneas, se pone a espacio simple, en párrafo separado del texto corrido, todo él con una sangría mayor, de unos cuatro espacios, sin ningún signo de comillas ni al comienzo ni al final, y en un cuerpo de letra de tamaño menor.

Paginación

El texto académico debe paginarse. Se sugiere poner la numeración de las páginas en el margen superior a la derecha, justo en la línea que termina el texto, respetando el margen de 1.5 pulgadas. Es la forma más elegante y más cómoda para el lector. Se usan números arábigos, sin guiones ni paréntesis.

A cada página debe asignársele un número, a excepción de la página en blanco que sigue a la página de cubierta. En la página de título e igualmente en las páginas nominadas de medio título, de comienzo de partes o capítulos, los números correspondientes no se ponen en la parte superior. Se colocan en el centro del margen inferior o margen de pie, para así distinguir cada página de comienzo de capítulo de las demás.

Para los preliminares (esto incluye el índice, el prólogo y la dedicatoria) acostúmbrese a utilizar la forma más elegante, es decir, números romanos en minúscula, centrados en el margen inferior de la página.

Titulares mayores

Los titulares mayores, es decir los que encabezan las divisiones importantes (partes y capítulos), se mecanografían en mayúscula, centrados, y a una distancia mayor, del límite superior del papel. El titular del capítulo termina sin ningún signo de puntuación.

Si el titular no cabe en una sola línea, debe mecanografiarse en dos o más líneas, a espacio simple, centrado.

El texto corrido debe empezar a mecanografiarse tres espacios debajo de la última línea del título.

Subtitulares

Los subtitulares se presentarán en forma coherente y homogénea a lo largo de toda la tesis, tanto en tamaño como en formato.

Los subtitulares de primer orden se mecanografían centrados; si tienen una extensión superior al ancho del texto deberán mecanografiarse en dos o más renglones, a espacio simple, centrados. No llevan ningún signo de puntuación al final.

Los subtitulares de segundo orden o sea aquellos cuya primera palabra comienza a la par del margen izquierdo, con una extensión superior a media línea, deberán mecanografiarse en dos o más renglones, a espacio simple, comenzando cada uno de los renglones cabalmente donde empieza el margen izquierdo. No se utiliza ninguna puntuación al final de estos subtitulares. Mecanografíe el texto siguiente a doble espacio del subtitular.

Los subtitulares de tercer orden o de párrafo, se mecanografían con la sangría normal del párrafo, y terminan puntuados con punto o dos puntos. En la misma línea se continúa el texto del párrafo. Deje triple espacio por encima de todo subtitular.

Capítulo VIII

PRESENTACIÓN FINAL

DIAGRAMACIÓN DE LA TESIS

Cubierta o carátula

Algunas universidades tienen determinado el color de la cubierta de tesis dependiendo del departamento al que se pertenezca. Verifique esta información. La carátula deberá contener los siguientes elementos como requisito mínimo:

- Escudo de la universidad o instituto donde se cursó la carrera a tres centímetros del borde superior.
- Nombre de la universidad o instituto.
- Nombre de la Facultad, Departamento o Escuela.
- Título del trabajo.
- Nombre del autor o autores. En caso de ser trabajo de grupo, siempre deberán aparecer los nombres de todos los coautores, aun en los ejemplares individuales.
- Nombre del asesor de la tesis.
- Ciudad y fecha de presentación del trabajo.

MODELO DE CUBIERTA O CARÁTULA

PONTIFICIA UNIVERSIDAD CATÓLICA MADRE Y MAESTRA
DEPARTAMENTO DE CIENCIAS JURÍDICAS

IMPORTANCIA DE LA CRIMINALÍSTICA EN
LA INVESTIGACIÓN CRIMINAL
Y SU RELACIÓN CON LA POLICÍA CIENTÍFICA
Tesis de grado para optar por el título
de Licenciado en Derecho

Sustentada por:
Orlidy Inoa Lazala
Matrícula: 2000-5095

Asesor:
Dr. Víctor Matos

Santo Domingo
2005

Portadilla o página de título

La portadilla o página de título debe llevar el escudo y el nombre de la universidad, con mayúsculas, centrada en la parte superior; el título exacto de la tesis o proyecto, con mayúsculas, con el nombre del autor, y debidamente centrado con relación a los márgenes derecho e izquierdo y con mayúsculas. Al pie de la página debe señalarse que el escrito es en cumplimiento de uno de los requisitos para obtener el título académico correspondiente. El texto exacto debe obtenerse en la Facultad o Departamento donde presenta la tesis. Algunas universidades piden que se especifique que los conceptos emitidos corresponden al estudiante eximiendo a la universidad de cualquier responsabilidad. En este caso se pone la siguiente leyenda: Los conceptos expuestos en la presente tesis son de la exclusiva responsabilidad de los sustentantes.

El índice general

El índice general debe colocarse antes del cuerpo del escrito e inmediatamente después de la página de título o portada.

El título ÍNDICE GENERAL se mecanografía centrado entre los márgenes, con mayúsculas, a unos seis céntimetros del borde superior del papel. A tres espacios verticales se escribe la palabra página, justificada con el margen derecho.

En el índice se registran:
1. El prólogo o prefacio.
2. El índice de cuadros.
3. El índice de figuras o ilustraciones.
4. Estos ítems se mecanografían con mayúsculas, a doble espacio, dejando como margen izquierdo el margen nor-

MODELO DE PORTADILLA O PÁGINA DE TÍTULO

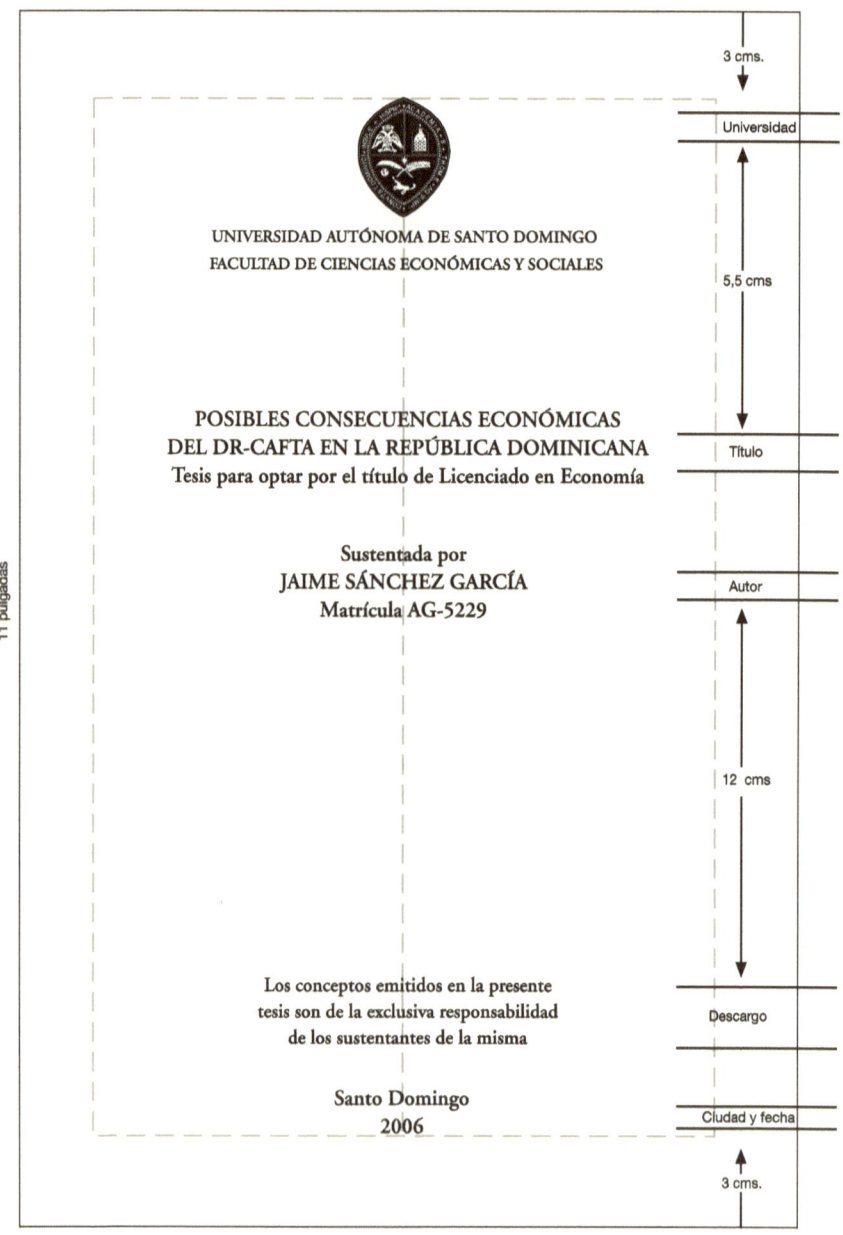

3 cms.

Universidad

UNIVERSIDAD AUTÓNOMA DE SANTO DOMINGO
FACULTAD DE CIENCIAS ECONÓMICAS Y SOCIALES

5,5 cms

POSIBLES CONSECUENCIAS ECONÓMICAS
DEL DR-CAFTA EN LA REPÚBLICA DOMINICANA
Tesis para optar por el título de Licenciado en Economía

Título

Sustentada por
JAIME SÁNCHEZ GARCÍA
Matrícula AG-5229

Autor

12 cms

Los conceptos emitidos en la presente
tesis son de la exclusiva responsabilidad
de los sustentantes de la misma

Descargo

Santo Domingo
2006

Ciudad y fecha

3 cms.

11 pulgadas

8.5 pulgadas

mal adoptado para el escrito. Cada ítem se hace seguir de puntos suspensivos hasta cinco espacios antes del margen derecho. A continuación, utilizando numerales romanos en minúsculas, se pone la página correspondiente.

5. Los títulos de partes. Con mayúsculas; centrados entre márgenes, sin paginación. La numeración correlativa de cada parte puede hacerse usando las palabras completas PRIMERA PARTE, SEGUNDA PARTE, o usando números romanos en mayúsculas.

6. La introducción. Se mecanografía con mayúsculas sin sangría, seguida de puntos suspensivos y paginación en números arábigos. Se le asigna la página 1 en número arábigo.

7. Los títulos de capítulos. Estos van precedidos por el número de orden correlativo, en número romano, en mayúscula o en número arábigo. El título del capítulo se hace seguir de puntos suspensivos hasta cinco espacios antes del margen derecho. A continuación, utilizando número arábigo, se indica la página correspondiente.

8. Las secciones o subsecciones de cada capítulo. La primera línea se deja a doble espacio del título del capítulo. El resto de las secciones de cada capítulo, se mecanografía a espacio simple. El texto correspondiente a secciones o subsecciones se mecanografía con una sangría de dos espacios en relación a los titulares de los capítulos.

9. Los apéndices.

10. La bibliografía.

11. El índice de materias o índice temático. Se mecanografían con mayúsculas sin sangría, a doble espacio, seguido de puntos suspensivos y paginación en números arábigos.

MODELO DE ÍNDICE

ÍNDICE GENERAL

Debe tenerse especial cuidado en que los titulares de los capítulos así como los subtemas deban corresponder exactamente con los que aparecen en el cuerpo de la obra.

Página de aprobación de la tesis

A continuación del índice general se pondrá la página de aprobación de la tesis, debidamente firmada por el profesor que ha dirigido el trabajo y utilizando la fórmula propia de la carrera. Por no ser parte del trabajo, esta página no se numera. Si en su Facultad, Escuela o Departamento hay establecido otro procedimiento, sígalo.

Prólogo

Si el estudio lleva prólogo, debe poner el contenido propio de un prólogo. La palabra prólogo se mecanografía en mayúsculas, centrada, a unos seis céntimetros por debajo del borde superior de la página; si el texto es muy breve convendrá que quede centrado en la página. El texto del prólogo se inicia a tres espacios por debajo del título, con sangría normal. El prólogo debe ir en comienzo de página, o sea en página distinta, numerada con número romano pequeño, en el centro del margen inferior de la misma.

Índice de cuadros

Si la tesis lleva cuadros deben numerarse y hacer el índice correspondiente.

HOJA DE EVALUACIÓN

Escuela de Arquitectura

HOJA DE EVALUACIÓN

SUSTENTANTES

Juan Pérez   Antonio Rodríguez

José Padilla   Altagracia Estévez

ASESOR

Dr. Francisco De León

JURADO EXAMINADOR

Presidente Jurado   Secretario Jurado

Vocal Jurado

Calificación   Fecha

La presentación es similar a la empleada para el índice general. Los cuadros se identifican con números arábigos en secuencia continua.

Índice de ilustraciones, gráficos, etc.

El índice de ilustraciones o gráficos debe ir en página aparte o página nueva, distinta del índice de cuadros. La presentación del índice de ilustraciones o figuras es idéntica a la presentación del índice de cuadros. Cada ilustración que se utiliza en la tesis se identifica con números arábigos. Los títulos de cada ilustración se ponen con minúsculas, menos la letra inicial; seguidos de puntos suspensivos hasta cinco espacios del margen derecho; la página donde aparece la ilustración se pone como en el índice general.

Resumen

Acompañando la tesis debe presentar un breve resumen. Debe incluir la identificación del problema u objeto de estudio; una breve descripción del método de investigación; el resultado de la investigación y las conclusiones. La extensión del resumen no debe sobrepasar las cuatrocientas palabras. Se mecanografía a espacio simple, en una sola página.

Por no ser parte de la tesis el resumen no se pagina y se coloca al comienzo.

Si la tesis doctoral es de interés relevante, conviene preparar este resumen también en inglés (abstract), para su inclusión en bases de datos de circulación internacional.

EJEMPLO DE RESUMEN Y ABSTRACT

Resumen

Este artículo propone algunos fundamentos para orientar una política de competencia en República Dominicana. Hay que tomar en cuenta
que la industria dominicana se ha desarrollado bajo el sistema de susti-
tución de importación. Se tomará como fuente tanto a la Ley Sherman
(y las leyes que la modifican y completan) como al Tratado de Roma.

Abstract

This article proposes some key principles that might guide the adop-
tion of antitrust legislation in the Dominican Republic. One has to ta-
ke into account that Dominican industry has had a chance to develop
thanks to the system of import substitution. The Sherman Law (and the
laws that modify it and complete it) and the Treaty of Rome will serve as
points of departure.

Mirna J. Amiama Nielsen, «La apuesta dominicana: a los incentivos o a la competencia».
Estudios Sociales, Vol. XXXV, No. 130, 2002, p. 39.

Capítulo IX

EXAMEN FINAL DE TESIS

PREPARATIVOS FINALES

Finalizada la tesis, se deposita de inmediato en el departamento correspondiente la cantidad de ejemplares que así esté determinado, pero que generalmente son seis: 2 para la biblioteca, 1 para el asesor y 3 para el jurado. Esta cantidad no incluye las de los sustentantes y sus familiares. El estudiante es notificado con la indicación del día y la hora en que se efectuará su examen de tesis. Esto ocurre generalmente tres semanas después de producirse la entrega, tiempo necesario para que el jurado pueda leer la tesis, requisito indispensable para su examen. Esta fecha es importante para el estudiante, sobre todo para tomar en cuenta el cierre de recepción de inscripción de la ceremonia de investidura.

El departamento al que corresponda examinar la tesis conoce de antemano el salón en el cual se va a efectuar el examen de tesis, por lo que se recomienda al estudiante tomar nota del caso y familiarizarse con el local, esto es, visitarlo antes del examen para que no le resulte un lugar extraño el día convenido. Es importante que conozca detalles como rutas de accesos, facilidad de parqueos, y exacta ubicación del local.

La dirección del departamento correspondiente tiene la facultad de nombrar el jurado, que siempre se hace conforme al tema tratado y la especialidad de su cuerpo profesoral. De ahí se supone que el jurado estará integrado por especialistas del tema a examinar. El jurado estará compuesto por tres profesores. Uno funge como presidente del mismo, otro como secretario y el tercero como vocal. Todos tienen igualdad en el proceso de la evaluación, por lo que al menos dos de ellos deben de calificar la tesis como buena para ser aprobada. Se estila que el asesor esté presente durante el examen, quien tendrá derecho a voz, pero no a voto.

El jurado tiene la libertad de aplicar el procedimiento que considere oportuno para evaluar al candidato, aunque generalmente se toma uno de los siguientes procedimientos:

a) Se le pide al sustentante que explique los hallazgos más importantes de su tesis de grado, con lo cual se espera que realice una defensa de lo escrito en una exposición oral de no más de media hora en la que destaque los puntos sobresalientes de su tesis. Terminada esta exposición, los miembros del jurado proceden a cuestionarlo sobre los puntos menos claros de la exposición, o sobre los temas que así decidan para que el sustentante les explique los mismos con más detalles. No se trata de convencer al jurado como si se tratara de un procedimiento judicial. La idea es oír del sustentante una exposición coherente y bien hilvanada de un tema que se reputa debe dominar. Cualquier miembro del jurado puede detener la exposición y proceder a cuestionar al sustentante.

b) El jurado decide iniciar la exposición por medio de preguntas directas sobre algo ya escrito en la tesis, y que se supone que el sustentante domina. Las preguntas generalmente las inicia el presidente del jurado y el estudiante está en la obligación de contestarlas adecuadamente, suponiendo un rigor en su respuesta acorde al dominio del tema que está sustentando.

En ambas modalidades de examen el jurado decide cuándo el mismo llega a su fin. Entonces se le pide al sustentante que abandone la sala para empezar la deliberación. En esta deliberación no participa el asesor de tesis. La primera decisión a tomar es si la tesis se aprueba o no. En el caso positivo se coloca una calificación que debe de tomarse en consenso. En caso de discrepancia, se procede a sacar una nota promedio. El paso siguiente es notificar al sustentante la decisión del jurado y proceder a firmar el acta de examen de tesis, así como la hoja de aprobación colocada en la tesis. La decisión del jurado es inapelable. Si el jurado reprueba la tesis, se puede optar por una reposición. Consulte con su asesor de tesis para el procedimiento a seguir.

El examen de tesis es abierto y contradictorio, por lo que puede asistir cualquier persona sin invitación previa. Solo razones de espacio podrían llevar a que el jurado pida al público que abandone la sala. El sustentante puede llevar al examen a las personas que desee, siempre y cuando esta presencia no afecte la fluidez de su exposición. La práctica indica que solo deben acompañarlo aquellas personas que le brinden confianza y seguridad para su exposición.

BIBLIOGRAFÍA

Ander-Egg, Ezequiel, *Introducción a las técnicas de investigación social*. Buenos Aires, Humanistas, 8a. ed., 1979.

Blalock, H. M., *Estadística Social*. México, FCE, 2006.

Bunge, Mario, *La ciencia, su método y filosofía*. Argentina, Siglo XX, 1977.

Duverger, Maurice, *Métodos de las ciencias sociales*. Barcelona, Ariel, 1962.

Eco, Humberto, *Cómo se hace una tesis*. México, GEDISA, 1990.

Flórez O., Rafael, *Investigación educativa y pedagógica*. Colombia, Mc Graw Hill, Interamericana, 2001.

González, R. Fernando L., *Investigación cualitativa en Psicología*. México, Thomson, 2000.

Gortari, Eli de, *El método de las ciencias. Nociones preliminares*. México, Grijalbo, 2a. ed., 1979.

Pardinas, Felipe, *Metodología y técnica de investigación en ciencias sociales*. México, Siglo XXI, 2003.

Pick, Susan y Ana Luisa López, *Cómo investigar en ciencias sociales*. México, Trillas, 2006.

Salkind, Neil J., *Métodos de Investigación*. México, Prentice Hall, 3era. edición, 1999.

ORTOGRAFÍA BÁSICA
de la
LENGUA ESPAÑOLA

Santiago Cabanes

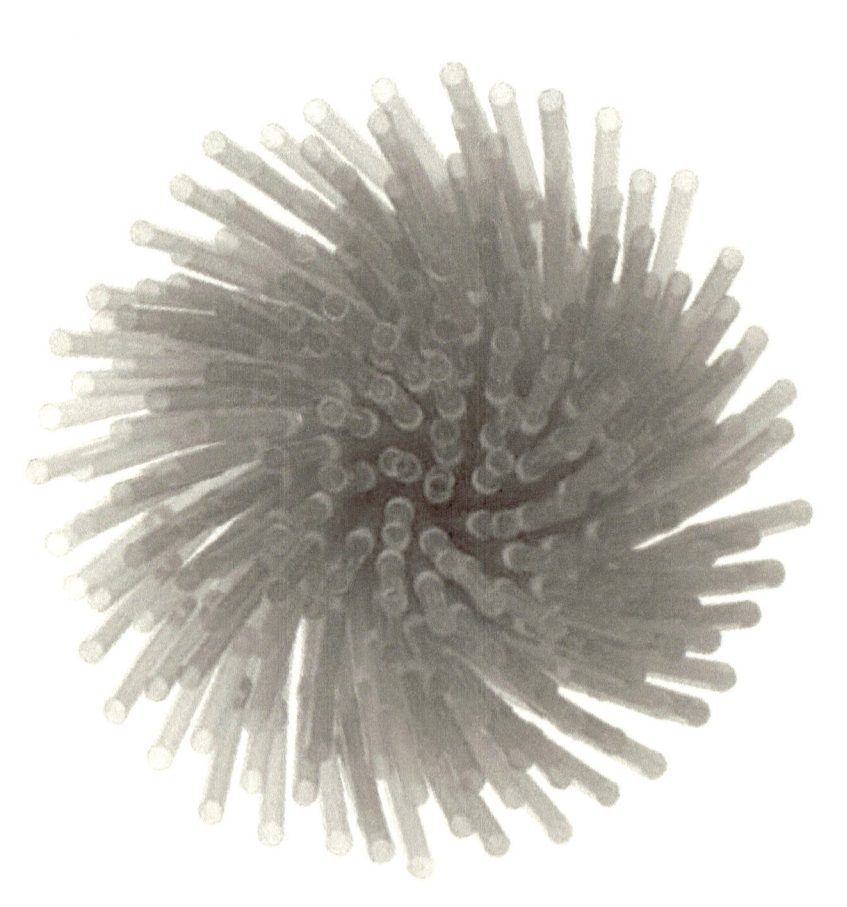

letra**gráfica**